LEKTÜRESCHLÜSSEL
FÜR SCHÜLERINNEN UND SCHÜLER

Georg Büchner
Dantons Tod

Von Wilhelm Große

Philipp Reclam jun. Stuttgart

Dieser Lektüreschlüssel bezieht sich auf folgende Textausgabe: Georg Büchner: *Dantons Tod*. Stuttgart: Reclam, 2002 [u.ö.]. (Universal-Bibliothek. 6060.)

RECLAMS UNIVERSAL-BIBLIOTHEK Nr. 15344

Gesamtherstellung: Reclam, Ditzingen
Printed in Germany 2008

ISBN 978-3-15-015344-4

www.reclam.de

Inhalt

1. Erstinformation zum Werk **5**

2. Inhalt **7**

3. Personen **27**

4. Die Struktur des Werks **38**

5. Wort- und Sacherläuterungen **45**

6. Interpretation **69**

7. Autor und Zeit **83**

8. Rezeption **88**

9. Checkliste **90**

10. Lektüretipps **92**

Anmerkungen **94**

Raum für Notizen **96**

1. Erstinformation zum Werk

»Büchner war so sehr um die Authentizität seines Dramas bemüht, daß schon der ›Normalleser‹ von 1835 mit der Flut historischer Details möglicherweise nur wenig anzufangen vermochte. Denn das volle Verständnis von *Dantons Tod* kann sich nur einem in der Revolutionsgeschichte bewanderten Leser erschließen, von denen es in der Rezeptionsgeschichte des Dramas, vielleicht zu dessen Glück, nicht allzu viele gegeben hat. Die Ereignisse lagen über 40 Jahre zurück, aber Büchner kommentierte sie minimal, jonglierte mit Namen und Daten vielmehr so, als müßten sie dem Leser vertraut sein.“[1] Was hier über den zeitgenössischen Leser gesagt wird, gilt wegen des größeren Zeitenabstandes noch mehr für den heutigen Leser des Büchner'schen Dramas, sodass es einiger Schlüssel bedarf, um es sich zu erschließen und auch für die Gegenwart sprechend zu machen. Wenn der Leser oder Zuschauer sich dieser Mühe unterzieht,

> versteht er einen Text, der ›dramatisierte Geschichte‹ ist; jedoch mehr als ein für die Bühne bearbeiteter Geschichtsbilderbogen, sondern eine Darstellung des ›Dramas Geschichte‹, denn Büchner reflektiert in diesem Stück über Danton und die Französische Revolution die ›Geschichte‹, insbesondere die ›Geschichte der Revolution(en)‹.

Geschichtsdrama und zugleich Darstellung des ›Dramas Geschichte‹

Er lässt die Handlung seiner ›dramatischen Bilder‹ zu einem Zeitpunkt einsetzen, als Danton bereits alle politischen Aktivitäten eingestellt hat. Er wird wohl noch von seinen Anhängern bestürmt, das politische Konzept seiner Freunde im Nationalkonvent durchzusetzen, aber er zögert, weil er weiß, dass er die Revolution in ihrem Verlauf doch nicht mehr lenken kann. Er fügt sich dem »Fatalismus der Geschichte« (*Werke*, S. 256)[2]: »Der Mann am Kreuze hat sich's bequem gemacht: es muss ja Ärgernis kommen, doch wehe dem, durch welchen Ärgernis kommt. Es muss, das war dies Muss. Wer will der Hand fluchen, auf die der Fluch des Muss gefallen? Wer hat das M u s s gesprochen, wer? Was ist das, was in uns hurt, lügt, stiehlt und mordet? Puppen sind wir von unbekannten Gewalten am Draht gezogen; nichts, nichts wir selbst! Die Schwerter, mit denen Geister kämpfen, man sieht nur die Hände nicht wie im Märchen« (42).[3]

Fatalismus der Geschichte

Robespierre ist Dantons Gegenspieler. Er hetzt das Volk gegen Danton und dessen Anhängerschaft auf, indem er ihm vorwirft, die Sache der Revolution verraten zu haben. Danton wird von seinen Freunden gewarnt, lässt sich aber nicht dazu überreden zu fliehen. Er wird verhaftet, vor das Volkstribunal gebracht und in einem Schauprozess zum Tode durch die Guillotine verurteilt. Danton stirbt als Opfer der Revolution: »Wir haben nicht die Revolution, sondern die Revolution hat uns gemacht« (32).

Danton nimmt sein Tun allenfalls noch als Rollenspiel innerhalb eines festgelegten Geschehensrahmens wahr: »Das ist ganz artig und passt für uns, wir stehen immer auf dem Theater, wenn wir auch zuletzt im Ernst erstochen werden« (33). Aus diesem ›weltgeschichtlichen Theater‹ sehnt sich Danton heraus, er sehnt sich nach dem Nichts, das ihm allein Ruhe verspricht: »Das Nichts wird bald mein Asyl sein – das Leben ist mir zur Last, man mag mir es entreißen, ich sehne mich danach es abzuschütteln« (57). Aber selbst das Nichts ist nicht der ersehnte Ruheort, weil es das Nichts nicht gibt.

Das Nichts

2. Inhalt

Erster Akt

Erste Szene. Während Hérault-Séchelles und einige Damen am Spieltisch sitzen, Karten spielen und dabei die eine oder andere zweideutig-obszöne Bemerkung machen, sitzt Danton etwas abseits auf einem Schemel zu den Füßen Julies. Julie fragt Danton, ob er an sie glaube; Danton erwidert: »Was weiß ich. Wir wissen wenig voneinander. Wir sind Dickhäuter, wir strecken die Hände nacheinander aus aber es ist vergebliche Mühe, wir reiben nur das grobe Leder aneinander ab – wir sind sehr einsam« (5). Auf Julies Einwand hin, man kenne sich doch, antwortet Danton: »Ja, was man so kennen heißt. [...] Einander kennen? Wir müssten uns die Schädeldecke aufbrechen und die Gedanken einander aus den Hirnfasern zerren« (ebd.).

Camille Desmoulins und Philippeau treten nach einer Weile in das Zimmer ein. Sie berichten, dass heute »wieder zwanzig Opfer gefallen« (6) seien. Man habe sich »im Irrtum« befunden: die »Hébertisten [seien] aufs Schafott geschickt, weil sie nicht systematisch genug verfuhren« oder die »Dezemvirn [glaubten sich] verloren, wenn es nur eine Woche Männer gegeben hätte, die man mehr fürchtete, als sie« (ebd.). Philippeau fordert ein Ende der Revolution. Hérault meint ebenfalls, die Revolution sei »in das Stadium der Reorganisation gelangt« und »die Republik [müsse] anfangen. In unsern Staatsgrundsätzen muss das Recht an die Stelle der Pflicht, das Wohlbefinden an die der Tugend und die Notwehr an die der Strafe treten. Jeder muss sich geltend machen und seine Natur durchsetzen können« (7). Camille fordert schließlich noch von der Staatsform, sie müsse ein »durchsichtiges Gewand sein, das sich dicht an den Leib des Volkes schmiegt« (ebd.), aber Danton, aufgefordert, den »Angriff im Konvent« (8) zu machen, verweigert sich. Auf die Frage, wer denn »die schönen Dinge ins Werk setzen« solle, antwortet ihm Philippeau: »Wir und die ehrlichen Leute« (ebd.). Aber auch dann winkt Danton mit der Begründung ab: »Das und dazwischen ist ein langes Wort«, und er erhebt sich, verlässt den Raum und gibt Julie für seinen Aufbruch als Begründung: »Ich muss fort, sie reiben mich mit ihrer Politik noch auf« (ebd.).

Camille meint noch hoffnungsvoll, Danton könne »die Finger [nicht] davon lassen, wenn es zum Handeln kömmt« (9), aber Hérault kommentiert: »Ja, aber bloß zum Zeitvertreib, wie man Schach spielt« (ebd.).

Zweite Szene. Der volltrunkene Souffleur Simon verprügelt auf offener Straße seine Frau. Leute reißen sie auseinander. Simon gibt als Begründung für die Tat an, seine Frau verhalte sich wie eine Kupplerin, indem sie die Tochter zur Prostitution freigebe. Das Weib verteidigt sich damit, dass sie ihrem Mann vorhält, er habe nicht einmal Hosen zum Hinaufziehen, wenn vor seiner Tochter die jungen Männer nicht die ihrigen herunterließen. Diese Aussage stachelt einen der der Szene beiwohnenden Bürger an, ein Messer zu fordern »für die Leute, die das Fleisch unserer Weiber und Töchter kaufen« (10). Wenn man von seinem »gestohlnen Eigentum« (ebd.) ein paar Heller wiederhaben wolle, müsse man huren und betteln, und deshalb sollte man »die Spitzbuben [...] totschlagen« (11). Aufgebracht durch diese Reden des ersten und dritten Bürgers schreit die Masse ihr »Totgeschlagen! totgeschlagen!« (ebd.), ergreift den erstbesten vorbeikommenden Mann, der sich durch sein Schnupftuch als Aristokrat ausweist, und will ihn an der Laterne aufhängen, lässt ihn aber sofort wieder laufen, weil er auf die Bemerkung »An die Laterne!« (12) hin spontan witzig reagiert, indem er sagt, man werde »deswegen nicht heller sehen« (ebd.), wenn er an die Laterne geknüpft würde.

Robespierre, begleitet von Weibern und Sansculotten, trifft auf die aufgebrachte Volksansammlung und erkundigt sich, was das Volk so aufgewiegelt habe. Der dritte Bürger erklärt, die Guillotine sei zu langsam. »Die paar Tropfen Bluts vom August und September haben dem Volk die Backen nicht rot gemacht« (ebd.). Man brauche »einen Platzregen« (ebd.), woraufhin Robespierre die Umstehenden zu besänftigen versucht, indem er ihnen verspricht: die »Gesetzgeber werden wachen, sie werden [die] Hände [des Volkes] führen, ihre Augen [sind] untrügbar« (13). Und er lädt sie ein, zu den Jakobinern mitzukommen: »Wir werden ein Blutgericht über unsere Feinde halten« (ebd.).

Mit einem »Es lebe Robespierre!« (ebd.) verlässt das Volk den Schauplatz. Zurück bleibt der Souffleur Simon, der sich mit seinem Weib und seiner Tochter wieder aussöhnt.

Dritte Szene. Im Jakobinerklub sprechen die nach Paris gesandten »Brüder von Lyon« (13) vor. Auch sie fordern eine Steigerung der Schreckensherrschaft. Robespierre greift in die erhitzte Diskussion ein. Er verteidigt nochmals die Beseitigung der Hébertisten, aber weist auch darauf hin, dass »Verbrecher einer anderen Gattung« (15) bislang unbestraft blieben. »Wir haben nichts getan, wenn wir noch eine andere Faktion zu vernichten haben« (ebd.). Mit dieser anderen Faktion meint er jene, die nach ›Erbarmen‹ rufen und die zur Schwäche neigen. Ihnen setzt er unmissverständlich die

Waffe des Schreckens entgegen: »Die Waffe der Republik ist der Schrecken, die Kraft der Republik ist die Tugend. Die Tugend, weil ohne sie der Schrecken verderblich, der Schrecken, weil ohne ihn die Tugend ohnmächtig ist« (15 f.). Robespierre duldet kein Erbarmen mit den Royalisten. Er verteidigt die »Revolutionsregierung« als den »Despotismus der Freiheit gegen die Tyrannei« (16). Die »Unterdrücker der Menschheit« zu bestrafen versteht er als einen Akt der Gnade; »ihnen verzeihen, ist Barbarei« (ebd.). Er sieht eine Gefahr heraufziehen, dass die »heiligsten Quellen [der Kraft des Volks] durch das Laster« (ebd.) vergiftet werden. »Dies ist der feinste, gefährlichste und abscheulichste Angriff auf die Freiheit.« Das »Laster ist das Kainszeichen des Aristokratismus. In einer Republik ist es nicht nur ein moralisches sondern auch ein politisches Verbrechen; der Lasterhafte ist der politische Feind der Freiheit« (ebd.). Auch wenn er Danton und dessen Anhänger nicht beim Namen nennt; sie sind gemeint, wenn Robespierre verspricht, auch in Zukunft keinen Frieden mit den Lasterhaften zu machen: »Keinen Vertrag, keinen Waffenstillstand mit den Menschen welche nur auf Ausplünderung des Volkes bedacht waren, welche diese Ausplünderung ungestraft zu vollbringen hofften, für welche die Republik eine Spekulation und die Revolution ein Handwerk war!« (17). Am Ende seiner Rede, noch bevor der Präsident die Sitzung des Nationalkonvents für »aufgehoben« erklärt, versichert Robespierre den Abgesandten aus Lyon, dass »das Schwert des Gesetzes nicht in den Händen, denen ihr es anvertraut habt«, rosten werde (ebd.).

Vierte Szene. Legendre und Lacroix, die beide an der Sitzung des Nationalkonvents teilgenommen und Robespierres Rede vernommen haben, unterhalten sich auf einer Gasse. Lacroix macht Legendre deutlich, dass er unbeabsichtigt mit einer Äußerung »die Contrerevolution offiziell bekannt gemacht« (18) und damit zum Angriff Robespierres auf die Partei der Gemäßigten beigetragen habe.

Lacroix fasst die gegenwärtige Situation zusammen: »Die Sache ist einfach man hat die Atheisten und Ultrarevolutionärs aufs Schafott geschickt; aber dem Volk ist nicht geholfen es läuft noch barfuß in den Gassen und will sich aus Aristokratenleder Schuhe machen. Der Guillotinenthermometer darf nicht fallen, noch einige Grade, und der Wohlfahrtsausschuss kann sich sein Bett auf dem Revolutionsplatz suchen« (ebd.). Da das Volk wie der Minotaurus seine Leichen haben müsse, werde es sich an den Decemvirn schadlos halten, wenn ihm nicht andere Leichen geliefert würden. Lacroix ahnt die Gefahr, der er und Legendre und alle anderen aus dem Umkreis von Danton ausgesetzt sind. So will man Danton, den man bei den »Grisetten des Palais-Royal« (ebd.) vermutet, aufsuchen, um ihn zu warnen.

Fünfte Szene. Noch bevor Lacroix, begleitet von einigen Grisetten, das Zimmer im Palais-Royal betritt, unterhält sich Danton mit der Dirne Marion. Marion erzählt Danton aus ihrer Jugend. Von ihrer Mutter zur Tugend erzogen, trifft sie auf einen jungen Mann, den die Mutter heißt »öfters kommen« (19). »Endlich sahen wir nicht ein, warum wir nicht ebenso gut zwischen zwei Betttüchern beieinander liegen, als auf zwei Stühlen nebeneinander sitzen durften« (ebd.). Der junge Mann verlässt Marion, als für diese »alle Männer in einen Leib verschmolzen« (20), und begeht Selbstmord. In Marion wächst ein Gefühl heran, dass sie sich allen Männern, die es wollen, hingibt: »Ich bin immer nur eins. Ein ununterbrochenes Sehnen und Fassen, eine Glut, ein Strom« (ebd.). Ihre Mutter stirbt vor lauter Gram über den Lebenswandel der Tochter; Marion selbst meint, sie dürfe wegen ihres Lebenswandels nicht verurteilt werden: »es ist das nämliche Gefühl; wer am meisten genießt, betet am meisten« (ebd.).

Nachdem Marion ihre Erzählung beendet hat, konstatiert Danton sein Unvermögen, Marions Schönheit ganz in sich zu fassen: »Ich möchte ein Teil des Äthers sein, um dich in meiner Flut zu baden« (21).

In diesem Augenblick betritt Lacroix in Begleitung von Adelaide und Rosalie den Raum. Danton, der beide Grisetten kennt, scherzt mit ihnen, bevor Lacroix ihm von der Sitzung bei den Jakobinern berichtet. Danton erkundigt sich nur beiläufig und uninteressiert nach Robespierre. Lacroix wiederholt, was Robespierre gesagt hat: »Die Tugend muss durch den Schrecken herrschen« (22).

Paris, der gerade von Robespierre kommt, betritt ebenfalls den Raum. Er ergänzt die Ausführungen von Lacroix, gibt Robespierres Aussage, er »würde alles opfern, sich, seinen Bruder, seine Freunde« (23), wieder. Aber auch das lässt Danton ruhig und kalt. Sein Kommentar ist: »Ich weiß wohl, – die Revolution ist wie Saturn, sie frisst ihre eignen Kinder.« Und fügt dem nach einem Moment des Zögerns hinzu: »Doch, sie werden's nicht wagen« (ebd.). Lacroix weist nochmals auf die Gefahr hin, der er, Danton, Camille, Philippeau und Hérault ausgesetzt sind, da sie als die Gemäßigten und die Lasterhaften gelten. Danton wiegelt ab, als ihn Lacroix bedrängt, man müsse nunmehr handeln. »Das wird sich finden« (24) ist seine lakonische Entgegnung. Schließlich verspricht er Lacroix, sich am darauf folgenden Tag zu Robespierre zu begeben.

Sechste Szene. Danton hat sich in Begleitung von Paris zu Robespierre begeben. Robespierre sagt ihm sogleich unmissverständlich, dass derjenige, der ihm in den Arm falle, wenn er das Schwert ziehe, sein Feind sei. Danton erwidert: »Wo die Notwehr aufhört fängt der Mord an« (25). Robespierre verteidigt sich, indem er sich darauf beruft, dass nach seiner Ansicht »die soziale Revolution noch nicht fertig« (ebd.) sei. »Wer eine Revolution zur Hälfte vollendet, gräbt sich selbst sein Grab. Die gute Gesellschaft ist noch nicht tot, die gesunde Volkskraft muss sich an die Stelle dieser nach allen Richtungen abgekitzelten Klasse setzen« (ebd.). Danton unterstellt Robespierre, sich auf die Tugend zu berufen, nur »um des elenden Vergnügens willen andre schlechter zu finden, als [sich]« (ebd.). Robespierre pocht aber darauf, dass sein Gewissen »rein« (ebd.) sei. Von Robespierre gefragt, ob er die Tugend leugne, antwortet Danton, dass er sowohl die Tugend als auch das Laster leugne: »Es gibt nur Epikureer und zwar grobe und feine. […] Jeder handelt seiner Natur gemäß d. h. er tut, was ihm wohl tut« (26). Kurz bevor Danton zusammen mit Paris Robespierre verlässt, um sich dem Volk zu zeigen, droht Robespierre damit, das Laster sei »zu gewissen Zeiten Hochverrat« (ebd.).

Robespierre, nunmehr ganz allein, spricht zu sich selbst. Er meint, Danton wolle »die Rosse der Revolution am Bordell halten machen« (ebd.). Ihm scheint, Danton habe ihm die »Absätze von den Schuhen treten« (27) wollen. Sein Entschluss steht fest: »Er muss weg« (ebd.). Trotz dieser Entschiedenheit verfolgen ihn Gewissensbisse, ausgelöst durch das Gespräch mit Danton: »Keine Tugend! die Tugend ein Absatz meiner Schuhe! Bei meinen Begriffen! Wie das immer wieder kommt. Warum kann ich den Gedanken nicht los werden? Er deutet mit blutigem Finger immer da, da hin! Ich mag so viel Lappen darum wickeln als ich will, das Blut schlägt immer durch« (ebd.). Und nach einer Pause fährt er fort: »Ich weiß nicht, was in mir das andere belügt« (ebd.).

St. Just tritt ein. Er hat Danton »unterwegs im Palais-Royal« (28) noch getroffen, nachdem er Robespierre verlassen hatte. St. Just sieht den Vorteil des Angriffs verloren, wenn man nicht unmittelbar handelt. Er und die Seinigen seien entschlossen zu handeln, auch ohne Robespierre. Man wolle den Gesetzgebungs-, den Sicherheits- und den Wohlfahrtsausschuss zu feierlicher Sitzung zusammenrufen. Dann zählt St. Just alle Gesinnungsgenossen Dantons auf, die ebenfalls ausgeschaltet werden müssen: Lacroix, Hérault-Séchelles, Philippeau und Camille. Robespierre drängt schließlich zur Eile: »Dann rasch, morgen! Keinen langen Todeskampf!« (30).

Als St. Just fortgegangen ist, spricht Robespierre nochmals zu sich selbst, bezeichnet sich als den »Blutmessias [als den ihn Camille in einem Pamphlet spöttisch bezeichnet hatte], der opfert und nicht geopfert wird« (ebd.), und beklagt seine Einsamkeit, in die ihn seine Freunde gestürzt haben, indem sie sich von ihm abwandten, wie zuletzt Camille: »Sie gehen alle von mir – es ist alles wüst und leer – ich bin allein« (ebd.).

Zweiter Akt

Erste Szene. Danton, Lacroix, Philippeau und Camille haben sich in einem Zimmer versammelt. Camille drängt Danton, der sich ankleidet, »keine Zeit zu verlieren« (31), da man keine Zeit mehr habe, Danton sich aber durch sein

Zögern ins »Verderben« (ebd.) stürze. Danton erklärt seinen mangelhaften Einsatz, sich und seine Freunde vor der Guillotine zu retten damit, dass es ihn langweile, »immer im nämlichen Rock herumzulaufen«: »Ich hab es satt, wozu sollen wir Menschen miteinander kämpfen? Wir sollten uns nebeneinander setzen und Ruhe haben. Es wurde ein Fehler gemacht, wie wir geschaffen worden, es fehlt uns was, ich habe keinen Namen dafür, wir werden es uns einander nicht aus den Eingeweiden herauswühlen, was sollen wir uns drum die Leiber aufbrechen?« (32).

Den Ratschlag der Freunde zu fliehen tut Danton ab: »Nimmt man das Vaterland an den Schuhsohlen mit?« (33). Und erneut meint er, man werde es nicht wagen, Hand an ihn zu legen.

Zweite Szene. Bürger, der Souffleur Simon, ein Bänkelsänger, Rosalie, Bettler und Soldaten gehen über die Promenade und führen kurze Gespräche miteinander. Danton und Camille kreuzen zufälligerweise auf. Danton wittert das Atmosphärische: »Ich wittre was in der Atmosphäre, es ist als brüte die Sonne Unzucht aus« (36). Etwas später, dann direkt zu Camille gewandt: »Mute mir nur nichts Ernsthaftes zu. Ich begreife nicht warum die Leute nicht auf der Gasse stehen bleiben und einander ins Gesicht lachen. Ich meine sie müssten zu den Fenstern und zu den Gräbern heraus lachen und der Himmel müsse bersten und die Erde müsse sich wälzen vor Lachen« (36 f.).

Dritte Szene. Camille und seine Frau Lucile unterhalten sich zusammen mit Danton über das zeitgenössische Theater. Danton wird für einen Moment herausgerufen; als er das Zimmer wieder betritt, teilt er Camille mit, der Wohlfahrtsausschuss habe seine Verhaftung beschlossen. »Man hat mich gewarnt und mir einen Zufluchtsort angeboten« (38). Resigniert stellt Danton fest: »Sie wollen meinen Kopf; meinetwegen. Ich bin der Hudeleien überdrüssig. Mögen sie ihn nehmen. Was liegt daran? Ich werde mit Mut zu sterben wissen, das ist leichter, als zu leben« (39).

Lucile befürchtet, dass auch ihrem Mann das gleiche Schicksal wie Danton droht; aber Camille wiegelt ab: »Sei ruhig, Danton und ich sind nicht Eins« (ebd.). Noch am Tag zuvor habe er mit Robespierre gesprochen, der ihm in aller Freundlichkeit begegnet sei.

Vierte Szene. Danton ist doch geflüchtet. Schon auf freiem Feld, kehrt er plötzlich um. Er hofft insgeheim auf seinen Tod und die damit gegebene Möglichkeit, alles vergessen zu können, eine Möglichkeit, die ihm der sichere Fluchtort nicht bietet. Außerdem redet er sich nochmals ein: »man will mich schrecken, sie werden's nicht wagen« (40).

Fünfte Szene. Es ist Nacht. Danton kann nicht schlafen; ihn bedrücken die Erinnerungen an die Septembermorde. Julie betritt den Raum, sie will Danton beruhigen. Danton erzählt ihr daraufhin seinen Alptraum: »Unter mir keuchte die Erdkugel in ihrem Schwung, ich hatte sie wie ein wildes Ross gepackt, mit riesigen Gliedern wühlt ich in ihrer Mähne und presst ich ihre Rippen, das Haupt abwärts gebückt, die Haare flatternd über dem Abgrund. So ward ich geschleift. Da schrie ich in der Angst, und ich erwachte« (42). Julie versucht, Danton zu beruhigen, indem sie ihm darin zustimmt, dass es keine Morde waren, sondern die einzige Möglichkeit, das Vaterland zu retten (ebd.). Danton redet sich selbst ein, er habe einem Muss gehorcht: »Es muss, das war dies Muss. Wer will der Hand fluchen, auf die der Fluch des Muss gefallen? Wer hat das Muss gesprochen, wer? Was ist das, was in uns hurt, lügt, stiehlt und mordet?« (43).

Sechste Szene. Die zu Dantons Verhaftung ausgesandten Bürgersoldaten vertreiben sich die Zeit vor Dantons Haus mit einigen anzüglichen Späßen, bevor sie zur Festnahme Dantons in das Haus eindringen.

Siebente Szene. Legendre tritt im Nationalkonvent dafür ein, dass die in der vorausgegangenen Nacht Festgenommenen, unter denen sich auch Danton befinde, eine Möglichkeit eingeräumt bekommen, vor den Schranken des Konvents gehört zu werden. Er äußert den Verdacht, die Verhaftungen seien aus »Privathass und Privatleidenschaften« (44) erfolgt. Legendre hält Danton für »ebenso rein« (ebd.) wie sich selbst.

Dann tritt Robespierre auf. Er spricht Danton das Recht ab, für sich Privilegien in Anspruch zu nehmen. Danton habe vor Lafayette, Dumouriez, Brissot, Fabre, Chabot und Hébert nichts voraus und müsse gleich behandelt werden. Ihn, Robespierre, schrecke auch nicht die Drohung, die man ihm gegenüber ausgesprochen habe, dass die Gefahr, der man Danton aussetze, auch ihn selbst bedrohe. Es gäbe für ihn keinen Grund, seinen Eifer und seine Leidenschaft für die Freiheit zu mäßigen. Davon hielte ihn auch die lange zu Danton gehegte Freundschaft, »die Erinnerung an eine alte Verbindung« (46), nicht ab. Schließlich verlangt Robespierre, dass Legendres Vorschlag abgelehnt wird. Dem stimmen alle Deputierten zu.

Dann tritt St. Just als Redner auf. Auch er plädiert dafür, dass weder Danton noch einem anderen Vorrechte eingeräumt werden: »Da alle unter gleichen Verhältnissen geschaffen werden, so sind alle gleich, die Unterschiede abgerechnet, welche die Natur selbst gemacht hat. Es darf daher jeder Vorzüge und darf daher keiner Vorrechte haben, weder ein Einzelner, noch eine geringere oder größere Klasse von Individuen« (48).

Die Revolution deutet St. Just als einen Vorgang, in dem die »Menschheit zerstückt« wird, »um sie zu verjüngen« (48 f.). »Die Menschheit wird aus dem Blutkessel wie die Erde aus den Wellen der Sündflut mit urkräftigen Gliedern sich erheben, als wäre sie zum ersten Male geschaffen« (49). Für diese Äußerungen erhält St. Just langen, anhaltenden Beifall. Einige Mitglieder des Konvents erheben sich sogar »im Enthusiasmus« (ebd.).

Dritter Akt

Erste Szene. Chaumette, Payne, Mercier, Hérault-Séchelles und andere Gefangene befinden sich im Palais Luxemburg, das als Gefängnis dient. Zu ihnen stoßen einige Zeit später Danton, Lacroix, Camille und Philippeau. Zunächst drehte sich das Gespräch um den Gottesbeweis und das Leid in der Welt, mit dem Erscheinen Dantons und seiner Anhänger nimmt es dann einen anderen Verlauf. Es scheint, dass sich Danton ganz seinem Schicksal ergeben hat: »[…] man schickt mich aufs Schafott, meinetwegen, ich werde nicht stolpern« (54). Und er beteuert nochmals, nicht damit gerechnet zu haben, dass man es wagen würde, ihn zu verhaften. Aber trotz der an ihn gerichteten Warnung sei er nicht geflohen.

Zweite Szene. Der öffentliche Ankläger, Fouquier-Tinville, und einer der Präsidenten des Revolutionstribunals, Herman, bereiten die Sitzung des Tribunals vor. Herman empfiehlt, dass man die Geschworenen nicht durch das Los bestimmen lässt, sondern im Vorhinein die Geschworenen, auf die man sich verlassen kann und die garantiert nicht durch Danton erschreckt werden, aussucht. Fouquier setzt auch auf die geschickt »zusammengewörfelte« (55) Gruppe der Angeklagten. Dort finden sich nämlich neben Danton und seinen Anhängern noch Fälscher und weitere Kriminelle.

Dritte Szene. Lacroix, Danton, Mercier und andere Gefangene befinden sich nunmehr in einem Korridor des Luxemburg, der ebenfalls als Gefängnisraum dient. Angesichts dessen, dass er selbst vor dem Revolutionstribunal antreten wird, bilanziert Danton ironisch: »Es ist jetzt ein Jahr, dass ich das Revolutionstribunal schuf. Ich bitte Gott und Menschen dafür um Verzeihung, ich wollte neuen Septembermorden zuvorkommen, ich hoffte die Unschuldigen zu retten, aber dies langsame Morden mit seinen Formalitäten ist grässlicher und ebenso unvermeidlich. Meine Herren ich hoffte Sie alle diesen Ort verlassen zu machen« (56).

Vierte Szene. Danton steht vor dem Revolutionstribunal. Der Konvent beschuldigt ihn, zusammen »mit Mirabeau, mit Dumouriez, mit Orléans, mit den Girondisten, den Fremden und der Faktion Ludwig des Siebzehnten konspiriert zu haben« (57). Demgegenüber betont jedoch Danton, dass er »so oft« seine Stimme »für die Sache des Volkes ertönen« ließ, und will die »Elenden, welche [ihn] anklagen«, mit »Schande bedecken« (ebd.). Er streicht noch einmal heraus, dass er nicht eine tadelnswerte »Privatkühnheit«, sondern »Nationalkühnheit« gezeigt habe, mit welcher er so oft »für die Freiheit gekämpft« (ebd.). Er rechtfertigt sich, indem er erneut an die Rolle erinnert, die er bei der Demonstration gegen die Monarchie auf dem Marsfeld, beim Sturm der Tuilerien und der Hinrichtung Ludwigs XVI. gespielt habe, und erntet dafür den lauten Beifall der dem Revolutionstribunal Beiwohnenden.

Fünfte Szene. Der ebenfalls im Gefängnis einsitzende girondistische General Dillon unterhält sich im Palais Luxemburg mit seinem Mitgefangenen Laflotte. Dillon beabsichtigt, »alte Soldaten, Girondisten, Exadlige« (60) zu gewinnen, die »Gefängnisse zu erbrechen« (ebd.) und gegen den Wohlfahrtsausschuss vorzugehen. Laflotte will Gillons Plan an den Schließer verraten, um so »aus dem Loch« (61) zu kommen.

Sechste Szene. St. Just unterrichtet andere Mitglieder des Wohlfahrtsausschusses über den Verlauf des Prozesses. Das zweite Verhör hat bereits stattgefunden. Die »Gefangenen verlangen das Erscheinen mehrerer Mitglieder des Konvents und des Wohlfahrtsausschusses, sie appellierten an das Volk, wegen Verweigerung der Zeugen« (61). St. Just ist daran gelegen, dass die Geschworenen sich unverzüglich für ausreichend unterrichtet erklären und die Debatte geschlossen wird. Er fordert, dass Danton und seine Anhänger »um jeden Preis« (62) beseitigt werden »und sollten wir sie mit den eigenen Händen erwürgen« (ebd.).

St. Just wird hinausgerufen und erhält die Nachricht, dass ein junger Mensch namens Laflotte Dillon und dessen geplante Konspiration denunziert habe. Zurückgekommen in den Wohlfahrtsausschuss, schlägt St. Just daraufhin vor, der Konvent müsse dekretieren, »das Tribunal solle ohne Unterbrechung den Prozess fortführen und dürfe jeden Angeklagten, welcher die dem Gerichte schuldige Achtung verletzte oder störende Auftritte veranlasste, von den Debatten ausschließen« (64).

Sobald St. Just den Raum verlassen hat, planen Barère, Collot und Billaud, auch gegen Robespierre vorzugehen, weil dieser nur noch bereit sei, »aus der Revolution einen Hörsaal für Moral [zu] machen und die Guillotine als Katheder [zu] gebrauchen« (ebd.).

Siebente Szene. Danton und seine Anhänger sind von der Verhandlung in die Conciergerie zurückgebracht worden. Danton scheint nur noch die Ruhe zu suchen, hofft, sie im Nichts zu finden. »Versenke dich in was Ruhigers, als das Nichts und wenn die höchste Ruhe Gott ist, ist nicht das Nichts Gott? Aber ich bin ein Atheist. Der verfluchte Satz: etwas kann nicht zu nichts werden! und ich bin etwas, das ist der Jammer!« (67). So bietet letztlich auch der Tod nicht die erhoffte Erlösung: »Da ist keine Hoffnung im Tod; er ist nur eine einfachere, das Leben eine verwickeltere, organisiertere Fäulnis« (ebd.). Dantons größte Angst ist, allein, ohne Julie, in den Tod gehen zu müssen.

Achte Szene. Amar, Mitglied des Sicherheitsausschusses, überreicht Fouquier ein Papier über den Befreiungsplan Dillons, mit dem der öffentliche Ankläger die Forderung des Revolutionstribunals nach einer Kommission ablehnen kann. Damit scheint der erwünschten schnellen Abwicklung des Gerichtsverfahrens nichts mehr im Wege zu stehen.

Neunte Szene. Am dritten Verhandlungstag des Revolutionstribunals fordert Danton zunächst die von Fouquier befürchtete Einberufung einer Kommission. Danton droht gerade damit, seine »Feinde [zu] zermalmen« (68), als Fouquier, Amar und Vouland erscheinen. Fouquier unterbricht Danton in seiner Rede und fordert, »in Betracht dass in den Gefängnissen sich Spuren von Meutereien zeigen, in Betracht dass Dantons und Camilles Weiber Geld unter das Volk werfen und dass der General Dillon ausbrechen und sich an die Spitze der Empörer stellen« (ebd.) will, das Tribunal zu ermächtigen, »die Untersuchung ohne Unterbrechung fortzusetzen und jeden Angeklagten, der die dem Gesetze schuldige Ehrfurcht außer Augen setzen sollte, von den Debatten auszuschließen« (69).

Danton reißt nochmals die Rede an sich und, auf Amar und Vouland deutend, klagt er an: »Seht da die feigen Mörder, seht die Raben des Wohlfahrtsausschusses! Ich klage Robespierre, St. Just und ihre Henker des Hochverrats an. Sie wollen die Republik im Blut ersticken. […] Wie lange sollen die Fußstapfen der Freiheit Gräber sein? Ihr wollt Brot und sie werfen euch Köpfe hin! Ihr durstet und sie machen euch das Blut von den Stufen der Guillotine lecken!« (ebd.).

Dafür erntet Danton den tosenden Beifall des Publikums. In diesem Augenblick werden die Gefangenen mit Gewalt hinausgeführt.

Zehnte Szene. Ein Volkshaufe hat sich vor dem Justizpalast versammelt. Dantons Appell an das Volk scheint Erfolg zu haben. Die Worte Dantons weitgehend wiederholend, formuliert ein Bürger: »Ja das ist wahr, Köpfe statt Brot, Blut statt Wein!« (70). Robespierres Aussage, Danton sei ein Verräter, wird damit gekontert, dass, wie Danton sage, Robespierre ein Verräter sei. Erst als ein ›zweiter Bürger‹ geschickt darauf verweist, dass Danton doch im Wohlstand lebe und sich diesen Wohlstand nur auf dem Rücken der Armen leisten könne, bricht das Volk in den Ruf »Es lebe Robespierre! Nieder mit Danton! Nieder mit dem Verräter!« (ebd.) aus.

Vierter Akt

Erste Szene. Dumas, einer der Präsidenten des Revolutionstribunals, eröffnet einem Bürger, dass er sich seiner Frau mittels der Guillotine entledigen wolle: »Das Revolutionstribunal wird unsere Ehescheidung aussprechen; die Guillotine wird uns von Tisch und Bett trennen« (71).

Zweite Szene. Julie gibt einem Knaben eine Locke aus ihrem Haar mit auf den Weg zu Danton. Der Knabe soll Danton ausrichten, er »würde nicht allein [in den Tod] gehn« (72). Dann solle der Knabe schnell zu ihr zurückkehren, da sie aus seinen Augen unmittelbar Dantons »Blicke lesen« (ebd.) wolle.

Dritte Szene. Angesichts des bevorstehenden Todes unterhalten sich in der Nacht vor der Hinrichtung Lacroix, Hérault, Danton und Camille in der Conciergerie. Lacroix und Hérault versuchen zu schlafen, Camille denkt an Lucile und schläft schließlich ein, während Danton, von einer inneren Unruhe getrieben, ununterbrochen an seinen Tod wie an Julie denkt. Durch die überbrachte Locke weiß er nun, dass er nicht alleine sterben wird.

Camille schreckt aus einem Alptraum hoch. Ihm träumte, dass die Zimmerdecke schwand, »und der Mond sank herein, ganz nahe, ganz dicht, mein Arm erfasst' ihn. Die Himmelsdecke mit ihren Lichtern hatte sich gesenkt, ich stieß daran, ich betastete die Sterne, ich taumelte wie ein Ertrinkender unter der Eisdecke. Das war entsetzlich« (74). Danton beruhigt ihn, indem er ihm erklärt, die Lampe werfe einen runden Schein an die Decke und dies wirke wie der scheinende Mond.

Vierte Szene. Auf dem Platz vor der Conciergerie haben sich zwei Fuhrleute eingefunden. Mit ihren Fuhrwerken werden sie die Gefangenen zur Guillotine fahren. Lucile hat sich der Conciergerie genähert; sie nimmt Platz unter den Fenstern, hinter denen sie die Gefangenen vermutet. In ihrer geistigen Verwirrung erscheint ihr Camille durchs Kerkerfenster, als trüge er eine »eiserne Maske vor dem Gesicht« (76) und als bekleide ihn ein »langer Steinrock« (ebd.). Sie stimmt ein Volkslied an, sinniert über das Wort ›sterben‹ und läuft plötzlich weg. Camille, der die Szene vom Fenster aus beobachtet hat, ruft ihr nach.

Fünfte Szene. Danton hat durch ein Fenster, das ins nächste Zimmer geht, den Lustspielautor Fabre d'Eglantine entdeckt und unterhält sich kurz mit ihm, wendet sich dann aber seinen Mitgefangenen Camille, Philippeau, Lacroix und Hérault wieder zu. Er setzt nicht mehr auf die Revolution, hat keine Hoffnung mehr: »Ich lasse alles in einer schrecklichen Verwirrung. Keiner versteht das Regieren. [...] Die Sündflut der Revolution mag unsere Leichen absetzen wo sie will mit unsern fossilen Knochen wird man noch immer allen Königen die Schädel einschlagen« (77f.).

Ernüchtert bis zum Äußersten, glaubt Hérault zu wissen, dass sie alle und das, was sie über sich sagen, allenfalls »Phrasen für die Nachwelt« (78) seien.

Epigrammatisch formulieren alle nochmals ihre jeweilige Weltsicht. Danton hat das letzte Wort (»Die Welt ist das Chaos. Das Nichts ist der zu gebärende Weltgott«, 80), bevor der Schließer die Zelle betritt und die Abfahrt zur Guillotine ankündigt.

Sechste Szene. Julie setzt ihrem Leben durch die Einnahme eines giftigen Tranks ein Ende. Bei der untergehenden Sonne kommt ihr die Erde wie das »Gesicht« (80) einer Sterbenden vor.

Siebente Szene. Auf dem Revolutionsplatz erkämpft sich eine Mutter für ihr Kind einen geeigneten Platz, von dem aus die Hinrichtung mit der Guillotine gut zu beobachten ist: »Die Kinder schreien, sie haben Hunger. Ich muss sie zusehen machen, dass sie still sind« (81). Auf den Fuhrwagen werden die Gefangenen herangefahren. Sie stimmen die Marseillaise an, während das Volk nach der Carmagnole tanzt. Nacheinander betreten Camille, dann Lacroix, Hérault, Philippeau, Fabre und Danton das Blutgerüst. Hérault will Danton ein letztes Mal umarmen, wird aber vom Henker beiseite gestoßen. Danton wendet sich an den Henker: »Willst du grausamer sein als der Tod? Kannst du verhindern, dass unsere Köpfe sich auf dem Boden des Korbes küssen?« (82).

Achte Szene. Lucile sinniert noch immer dem Wort ›sterben‹ nach. Sie setzt sich nieder, verhüllt sich die Augen und stößt einen Schrei aus. Nach einer Pause erhebt sie sich:

»Das hilft nichts, da ist noch alles wie sonst; die Häuser, die Gasse, der Wind geht, die Wolken ziehen. – Wir müssen's wohl leiden« (83).
Zwei Frauen gehen an ihr vorüber. Sie kommen von der Hinrichtung und unterhalten sich darüber, dass es »recht gut sei, dass das Sterben so öffentlich wird« (ebd.). In diesem Augenblick scheint der irren Lucile bewusst zu werden, dass auch Camille hingerichtet ist. Sie fragt sich, wo sie ihn jetzt suchen solle.

Neunte Szene. Zwei Henker sind an der Guillotine beschäftigt. Lucile kommt, setzt sich auf die Stufen der Guillotine und provoziert mit dem Ausruf »Es lebe der König!« ihre Verhaftung »Im Namen der Republik!« (84).

3. Personen

Danton. Der träge und zynische Danton ist die Titelfigur des Dramas. In 16 Szenen von den 32, die das Stück zählt, hat er seinen Auftritt, steht in deren Mittelpunkt oder taucht zumindest am Rande der Szene auf (wie z.B. in II,2). Danton wäre der Held des Stückes, aber er ist alles andere als ein handelnder Held, eher ist er Antiheld, denn von ihm geht keine Handlung mehr aus. »Zwar ist er selbst äußerlich noch ›Held‹ im alten Sinne, gleichzeitig aber auch schon distanzierter Zuschauer, noch Hauptperson im Bühnengeschehen und zugleich auch schon ein am Handeln nicht mehr sonderlich interessierter Kommentator seiner selbst.«[4]

Danton, der Grübler

Büchner lässt Danton auftreten, als dieser schon längst von der revolutionären Bühne abgetreten ist und seinen revolutionären Elan gänzlich verloren hat. Charakteristisch für ihn ist sein Auftritt gleich zu Beginn der ersten Szene. Charakteristisch, dass er sich in einem Spielsalon auf einen Schemel vor Julie platziert hat, fern von den anderen. Auch seine erste Äußerung charakterisiert ihn sogleich: »Sieh die hübsche Dame, wie artig sie die Karten dreht! ja wahrhaftig sie versteht's; man sagt sie halte ihrem Manne immer das Cœur und andren Leuten das Carreau hin. Ihr könntet einem noch in die Lüge verliebt machen« (5). Danton durchschaut die Lüge, wie er die hübsche Dame richtig durchschaut, die ihren Mann betrügt und Liebe vorgibt, aber scharf davon ihre Sexualität trennt, denn Liebe und Sexualität sind miteinander zerfallen. Diese Hellsichtigkeit und Desillusion sind es auch, die Danton daran hindern, an einen anderen Menschen noch zu glauben. So antwortet er Julie auf deren Frage »Glaubst du an mich?«: »Was weiß ich. Wir wissen wenig voneinander. Wir sind Dickhäuter, wir strecken die Hände nacheinander aus aber es ist vergebliche Mühe, wir reiben nur das grobe Leder aneinander ab – wir sind sehr einsam« (ebd.). Damit ist eine grundlegende Aussage getroffen. Danton weiß, dass er vom andern nichts weiß, nichts wissen kann. Der Mensch ist einsam, er kann darum sein Handeln auch nicht auf ein gemeinsames Ziel hin ausrichten. Würde er dies tun, wäre das nur um den Preis des Selbstbetrugs möglich, aber dazu ist Danton nicht mehr fähig. Und insofern taugt er auch nicht mehr als revolutionäres Subjekt. Er steht da, ganz ohne Illusion; die verbietet er sich in aller Radikalität.

Er weiß, dass nicht er die Revolution gemacht hat, sondern die Revolution ihn. Nur noch ironisch kann er feststellen, dass die Institution (das Revolutionstribunal), die er ins Leben rief, ihn nunmehr selbst zum Tode verurteilt. Unter diesem Gesichtspunkt ist er ganz und gar Fatalist. Er glaubt nicht mehr daran, autonom handeln zu können; es wird vielmehr mit ihm gehandelt. Und das, was ihn im Innersten zum Handeln zwingt, weiß er nicht genau zu bestimmen. Es entzieht sich einer präzisen Begrifflichkeit, denn könnte man es auf den Begriff bringen, verlöre es seine Übermacht und man hätte es ergriffen und damit entmächtigt: »Was ist das, was in uns hurt, lügt, stiehlt und mordet? Puppen sind wir von unbekannten Gewalten am Draht gezogen; nichts, nichts wir selbst!« (43).

Danton, die Marionette

Danton kann sich nur noch als Marionette sehen, der es an Identität gebricht. So ist es nur konsequent, wenn er sich bereits am Ende der ersten Szene der Aufforderung seiner

Freunde, politisch tätig zu werden, mit dem zu Julie gesprochenen Satz entzieht: »Ich muss fort, sie reiben mich mit ihrer Politik noch auf« (8). Seinen gewonnenen Standpunkt fasst Danton in die Worte:

»Ich will lieber guillotiniert werden, als guillotinieren lassen. Ich hab es satt, wozu sollen wir Menschen miteinander kämpfen? Wir sollten uns nebeneinander setzen und Ruhe haben. Es wurde ein Fehler gemacht, wie wir geschaffen worden« (32).

Dantons Suche nach Ruhe

Trotz aller Desillusioniertheit erhofft sich Danton in einem einzigen Augenblick einmal, bei Julie Ruhe zu finden: »O Julie! Wenn ich allein ginge! Wenn sie mich einsam ließe! Und wenn ich ganz zerfiele, mich ganz auflöste – ich wäre eine Handvoll gemarterten Staubes, jedes meiner Atome könnte nur Ruhe finden bei ihr« (67).

Für Danton sind die Frauen demnach ein Fluchtpunkt. Sie sind ihm Erlösung, aber doch nicht ganz. Denn auch sie können die Existenz nicht aufheben, wie auch der Tod – nach Meinung Dantons – es ihm verweigert, ganz ins Nichts einzugehen, weil nicht Etwas zu Nichts werden kann. »Der verfluchte Satz: etwas kann nicht zu nichts werden! und ich bin etwas, das ist der Jammer! Die Schöpfung hat sich so breit gemacht, da ist nichts leer, alles voll Gewimmels. Das Nichts hat sich ermordet, die Schöpfung ist seine Wunde, wir sind seine Blutstropfen, die Welt ist das Grab worin es fault. […] Ja, wer an Vernichtung glauben könnte! dem wäre geholfen. Da ist keine Hoffnung im Tod, er ist nur eine einfachere, das Leben eine verwickeltere, organisiertere Fäulnis« (67).

Aus diesem Gefühl ausbleibender Erlösung von der Existenz erklären sich Dantons Verzweiflung, seine Melancholie und seine Handlungshemmung. Sein Epikureismus, den man – vor allem Robespierre – ihm vorwirft und den man taktisch dazu missbraucht, Danton unter die Guillotine zu bringen, ist »eine Reaktion auf seinen Sinnverlust als geschichtlich Handelnder und damit Bestandteil seines privaten Sterbensprozesses. Auf seine Rolle als Revolutionär bezogen aber ist die Genußsucht Dantons Verrat. Verrat an den notleidenden Massen.«[5]

Dantons Epikureismus

Danton ist das Leben endgültig zur Last geworden: »Das Leben ist mir zur Last, man mag mir es entreißen, ich sehne mich danach es abzuschütteln« (57). Mit diesen Worten lässt sich Danton vor dem Revolutionstribunal vernehmen, und er sehnt sich inständig nach dem »Asyl« (ebd.), das für ihn das Nichts wäre.

Sicherlich, früher hat Danton ganz jene »Nationalkühnheit« (57) gezeigt, mit welcher er »so oft für die Freiheit gekämpft« (ebd.) hat; aber inzwischen ist ihm die Freiheit zur »Hure« (77) gemacht. Solche Begriffe und politischen Vorstellungen sind ihm schal und unglaubwürdig, sind für ihn Phrasen geworden (78). Die Geschichte strebt nicht auf die Freiheit zu, die geschichtliche Welt ist das »Chaos« (80). Das Nichts ist »der zu gebärende Weltgott« (ebd.). Danton ist der Sinn der Geschichte abhanden gekommen: Geschichte wird ihm aus der Distanz heraus, die derjenige zum Geschichtsverlauf gewonnen hat, der sich nicht mehr ummittelbar in geschichtliches Handeln verstrickt, zum Schauspiel, zum Welttheater, zur ›Tragikomödie‹.

Dantons **Freunde**, denen allen der Vorwurf eines ausschweifend-dekadenten, auf dem Rücken der Proletarier ausgetragenen luxuriösen Lebens gemacht wird und mit denen er zusammen die Guillotine besteigt, lassen sich in ihren hervorstechendsten Charaktereigenschaften wie folgt charakterisieren:

Da ist der geistreiche und poetisierende **Desmoulins**, daneben der distinguierte und witzige **Hérault**, schließlich der politisch weitsichtige **Lacroix** und der so ernsthaft wirkende, religiöse **Philippeau**.

Robespierre als die Verkörperung der revolutionären Bewegung

Robespierre. Robespierre ist die Verkörperung der revolutionären Bewegung. Die Revolution ist für ihn der Kampf der Tugend gegen das Laster, und als solche ist die Revolution jederzeit und gegenüber jedem gerechtfertigt. Träger der Tugend ist für ihn das Volk, Träger des Lasters ein Adel, der sich historisch überlebt hat. Der größte Feind der Revolution sind diejenigen, die ihre Sache verraten haben und sich nun an die Stelle des Adels setzen und dessen Privilegien zu genießen versuchen: »Die soziale Revolution ist noch nicht fertig […]. Die gute Gesellschaft ist noch nicht tot, die gesunde Volkskraft muss sich an die Stelle dieser nach allen Richtungen abgekitzelten Klasse setzen. Das Laster muss bestraft werden, die Tugend muss durch den Schrecken herrschen« (25). Da das Volk in den Augen Robespierres zwar tugendhaft und groß ist, ihm aber noch die Kraft fehlt, sodass es Gesetzgeber braucht bzw. Menschen, die seine »Hände führen« (I,2), begreift er sich als Sachwalter des Volkes. Aus dieser ideologisch gesicherten Position heraus handelt Robespierre. Aus dieser Ideologie heraus glaubt er an das, was er sagt, er fühlt sich in seinem revolutionären Handeln noch gerechtfertigt, zumal ihn das Volk selbst den »Unbestechlichen« (12) nennt.

Im Gespräch mit Danton zerfließen auch die für Robespierres Einschätzung und Selbsteinschätzung so wichtigen Gegensätze zwischen dem Epikuräer auf der einen und dem enthaltsamen Tugendhaften auf der anderen Seite, indem nämlich Danton behauptet, es gäbe nur »Epikureer und zwar grobe und feine, Christus war der feinste; das ist der einzige Unterschied, den ich zwischen den Menschen herausbringen kann. Jeder handelt seiner Natur gemäß d.h. er tut, was ihm wohl tut« (26). Das verunsichert Robespierre aufs Äußerste. »Der Epikureer Danton entlarvt die Moralphysiognomie des Tugendapostels Robespierre als Lüge und der Stoiker Robespierre den Sensualismus Dantons als Laster und politischen Hochverrat. Setzt der eine auf das Dogma Tugend mit Hilfe von Terror und Guillotine, so plädiert der andere für Genuß, Erbarmen und Recht.«[6] Als Danton Robespierre in einem Gespräch ansatzweise die »Absätze [...] von den Schuhen« (26) tritt, zeigt sich in der Szene I,6 ein einsamer, zweifelnder, von Schuldgefühlen heimgesuchter Robespierre, der die Vergeblichkeit seines Tuns zu erahnen scheint. Seine Handlungssicherheit ist zunächst dahin. Er empfindet, wie seine Gedanken sich gegenseitig beaufsichtigen, und weiß nicht, was in ihm »das andere belügt« (27). Ja, »der Zusammenhang von Gedanke und Tat, dessen Selbstverständliches die Voraussetzung entschlossenen Handelns ist, wird zweifelhaft«[7].

Erst durch das Drängen St. Justs holt Robespierre zum entscheidenden Schlag gegen die Dantonisten aus. Dass er einen Augenblick schwankt, sich misstrauisch fragt, ob nicht persönliche Motive sein Handeln trüben, lässt ihn menschlich erscheinen, holt ihn von den hohen Schuhen herunter. Aber bei seinem Auftritt vor dem Konvent hat sich Robespierre wieder gefangen. Er zeigt erneut die geschlossene Fassade des Unbeirrten und Unbeirrbaren, der er nicht ist.

St. Just, der Ideologe

Saint Just. »Anders als Danton, anders als Robespierre fühlt sich [St. Just] frei vom Zwang zur Rechtfertigung seiner politischen Taten. Nach eigenem Verständnis handelt er nicht aufgrund von Entscheidungen, die seiner persönlichen Gewissensprüfung unterlägen, weil sie moralisch von ihm zu verantworten wären. Er handelt vielmehr im Auftrag des Weltgeistes, der ihn als Werkzeug benutzt, um durch Beschleunigung des gewöhnlichen Ganges der menschlichen Geschichte seinen höheren Zweck desto sicherer und eindrucksvoller zu erreichen (II,7). Was für Danton ein Grund des Leidens und der Verzweiflung ist, das Werkzeugsein, ist für St. Just ein Stolz und eine Rechtfertigung.«[8]

Saint Just ist Robespierre einerseits zugeordnet, andererseits hebt er sich von ihm ab. Er ist der Technokrat der Macht, unterscheidet sich aber von Robespierre dadurch, dass er keinerlei Skrupel hat und innerlich nicht wie Robespierre gebrochen ist. Noch vor dem Ende Dantons und seiner Parteigänger nimmt St. Just mit an der Verschwörung gegen Robespierre teil, die in dessen Hinrichtung sechs Monate später gipfeln wird. Für Saint Just ist die Rigidität, mit der er denkt und handelt, bezeichnend, wenn er z. B. Barère gegenüber äußert:

»Sie [Danton und seine Anhänger] müssen weg, um jeden Preis und sollten wir sie mit den eignen Händen erwürgen. Wagt! Danton soll uns das Wort nicht umsonst gelehrt haben. Die Revolution wird über ihre Leichen nicht stolpern, aber bleibt Danton am Leben, so wird er sie am Gewand fassen, und er hat etwas in seiner Gestalt, als ob er die Freiheit notzüchtigen könnte« (62).

Die Sicherheit in seiner Rolle nimmt St. Just daraus, dass er ungebrochen auf die Ideologie setzt: Er ist der große Ideologe und Rhetoriker, wie sein Auftritt im Konvent zeigt. Er vermag die Revolution als Naturereignis der Erneuerung zu interpretieren. Von hier her erklären sich auch sein unbeirrbares Handeln und seine Mitleidlosigkeit. Er glaubt, in der Revolution verwirkliche sich ein Naturgesetz:

»Die Revolution ist wie die Töchter des Pelias; sie zerstückt die Menschheit um sie zu verjüngen. Die Menschheit wird aus dem Blutkessel wie die Erde aus den Wellen der Sündflut mit urkräftigen Gliedern sich erheben, als wäre sie zum ersten Male geschaffen. [...] Alle geheimen Feinde der Tyrannei, welche in Europa und auf dem ganzen Erdkreise den Dolch des Brutus unter ihren Gewändern tragen, fordern wir auf diesen erhabnen Augenblick mit uns zu teilen« (48 f.). Damit ist »jeder Rest von individueller Verantwortlichkeit durch die zum Mythos und zur Eigengesetzlichkeit stilisierte Revolution beseitigt.«[9]

Das Volk. Das Drama hat einzelne Figuren als ›Handlungsträger‹, daneben aber auch ein Kollektiv, das ebenfalls als Handlungsträger angesehen werden muss: das Volk. Dies beherrscht in seiner ganzen Breite die Szene: Vertreter des Adels, des Bürgertums (z. B. die Deputierten) und des so genannten ›einfachen‹ Volkes: »Männer und Weiber aus dem Volk« (3), Grisetten, Henker, Fuhrleute usw., bunt gemischt. Büchner zeichnet das Volk demnach nicht als einheitliche Masse, etwa als das Geschehen kommentierenden Chor. Das Volk stellt sich ganz inhomogen dar.

Es sind vor allem die Volksszenen, die indirekt und direkt die Ideologie der beiden Revolutionsparteien, der Dantonisten und der Anhänger Robespierres, kritisieren. Die Kritik setzt bei einem der von Büchner die Gesellschaft erfolgreich umwälzenden »Hebel«, dem »materiellen Elend« (*Werke*, S. 282), an und zieht eine negative Bilanz: Wenn die Dantonisten für die maximale Verwirklichung von Lust und Genuss plädieren, so handelt es sich im Grunde um eine Variante des alten Aristokratismus; und der moralische Despotismus Robespierres zeigt deutlich Züge der alten Tyrannei und Repression.

Schon in der Szene I,2 liefert der dritte Bürger im Hinblick auf den Fortschritt der sozialen Revolution den treffenden Kommentar: »Sie haben uns gesagt: schlagt die Aristokraten tot, das sind Wölfe! Wir haben die Aristokraten an die Laternen gehängt […]. Aber sie haben die Toten ausgezogen und wir laufen wie zuvor auf nackten Beinen und frieren« (11).

Büchner will klar herausstellen, dass die Revolution dem Volk nichts eingebracht hat. Es ist noch immer so armselig wie zuvor. Sein bedürftiger Zustand, wie er sich in I,2 zeigt, hat sich bis zum Schluss des Dramas nicht geändert, wenn dort z. B. ein Weib für seine Kinder vor der Guillotine Platz schaffen will, um so die Kinder »zusehen [zu] machen, dass sie still sind« (81), weil sie ihnen nämlich nichts zu essen geben kann. Der Hunger ist nicht vertrieben. Er regiert das Volk nach wie vor. Ein Bürger hatte bereits in der ersten Volksszene die hurende Tochter Simons damit entschuldigt: »Ja ein Messer, aber nicht für die arme Hure, was tat sie? Nichts! Ihr Hunger hurt und bettelt. Ein Messer für die Leute, die das Fleisch unserer Weiber und Töchter kaufen« (10).

Vor allem aber will Büchner durch die Darstellung des Volkes deutlich machen, dass sich das Volk ganz leicht lenken lässt. Es kann durch Rhetorik jederzeit beeinflusst werden, ist demnach den Demagogen ausgeliefert. Das Volk hat keine eigene Meinung, dazu sind auch die Gegensätze unter den einzelnen Gruppen schon zu groß. Es ist keine treibende Masse der Revolution, sondern geformte Masse der jeweiligen Revolutionäre, die es nach ihren eigenen Interessen einsetzen und beeinflussen. Dies gilt auch für Robespierre, der zwar glaubt, ganz im Sinne des Volkes und für das Volk zu handeln, aber – und das weiß der Zuschauer – auch er wird in absehbarer Zeit den Gang zur Guillotine antreten müssen, und das Volk wird sich nicht in den Weg stellen.

Das Volk als knetbare Masse

Die Frauenfiguren: Julie, Lucile, Marion. Aus allen Frauenfiguren heben sich vor allem diese drei Figuren heraus. Sie sind ganz dem politischen Bereich entrückt, sie haben sich in den Privatraum zurückgezogen. Auch Luciles Ausruf »Es lebe der König« (84) ist kein politischer Aus- und Aufruf, sondern nur der Versuch, auf diese Weise festgenommen und dann hingerichtet zu werden, denn nur so kann sie ihrem Geliebten Camille folgen. Lucile und auch Julie folgen ihren Männern bzw. Geliebten in den Tod. Ja, sie verkörpern geradezu den Tod als Ruhepunkt. Sie sind das ersehnte Grab. So sagt Danton schon gleich zu Anfang, er liege in Julies Schoß wie »unter der Erde« (5).
Insofern verkörpern Julie und Lucile Erlösungsmöglichkeiten, aber ob sie wirklich Flucht- oder Erlösungspunkte sind, ist fraglich, Liebe ist eine Utopie, Erlösung im Nichts ist eine Utopie. Danton in seiner Verzweiflung

drückt es gegenüber Julie aus, wenn er sagt: »Wir müssten uns die Schädeldecken aufbrechen und die Gedanken einander aus den Hirnfasern zerren« (ebd.). Nur so sei Verständigung möglich, aber es ist ein Paradox: die Verständigung ist zugleich die Zerstörung des anderen.

Nur Marion scheint diese Utopie leben zu können: »Die andern Leute haben Sonn- und Werktage, sie arbeiten sechs Tage und beten am siebenten, sie sind jedes Jahr auf ihren Geburtstag einmal gerührt und denken jedes Jahr auf Neujahr einmal nach. Ich begreife nichts davon. Ich kenne keinen Absatz, keine Veränderung. Ich bin immer nur eins. Ein ununterbrochenes Sehnen und Fassen, eine Glut, ein Strom. [...] Es läuft auf eins hinaus, an was man seine Freude hat, an Leibern, Christusbildern, Blumen oder Kinderspielsachen, es ist das nämliche Gefühl, wer am meisten genießt, betet am meisten« (20). Aber auch Marions Identitätsgefühl, die Realisation einer gelebten Ganzheit zeigt durch den Tod ihres Geliebten einen Bruch (»Das war der einzige Bruch in meinem Leben«, ebd.), nur, sie scheint darüber hinweggekommen zu sein, indem sie sich in der Sinnenfreude aufgehoben weiß.

4. Die Struktur des Werks

Zeit

Denkt man an den Untertitel »Dramatische Bilder aus Frankreichs Schreckensherrschaft«, mit dem *Dantons Tod* in der Buchausgabe bei J. D. Sauerländer in Frankfurt erschien, erwartet man eigentlich ein Zeitpanorama quer durch die Französische Revolution, wobei es nicht darauf ankäme, das aristotelische ›Gebot‹ der Einheit der Zeit einzuhalten. Bei genauerem Hinsehen zeigt sich jedoch, dass Büchner von den ›Freiheiten‹, die ihm das Geschichtsdrama erlaubt hätte, keinen Gebrauch gemacht, sondern stattdessen die Einheit der Zeit weitgehend gewahrt hat, denn die Handlung von *Dantons Tod* erstreckt sich über nur wenige Tage. Wenn auch die Zeitangaben nicht die letzte Klarheit geben, kann man sich der zeitlichen Zuordnung, wie sie Werner Frizen vorgenommen hat, weitgehend anschließen:

Die Einheit der Zeit

»Der erste Akt währt von einem Abend bis zum nächsten (eher der 28. 3. [1794] als der 24.); der zweite von einem Morgen bis zum anderen (29./30. 3.); der dritte beginnt in der Nacht vom 30. auf den 31. und rekapituliert den Prozeß mit seinen drei Verhandlungstagen (2.–4. 4.), spart aber den Verhandlungstag der Urteilsverkündigung aus (5. 4.); der vierte Akt umfaßt wiederum einen einzigen Tag vom Abend des vierten bis zum Abend des fünften April. Der Akt ist die Einheit, die eine neue ›Einheit der Zeit‹ gewährleistet. Die historischen Kausalitäten sind durchschaubar.«[10]

Der Eindruck der Einheit der Zeit rührt u. a. auch daher, dass sich Büchner nicht nur auf wenige Tage beschränkt, sondern darüber hinaus die einzelnen Szenen zeitlich miteinander verklammert. Dies sei an einem Beispiel erläutert:

In I,2 taucht Robespierre für einen Moment unter den Bürgern auf der Gasse auf, fordert die von ihm Angesprochenen auf, ihn zu begleiten (»Kommt mit zu den Jakobinern!«, 13); in I,3 zeigt sich Robespierre dann im Jakobinerklub. Die Unterhaltung zwischen Lacroix und Legendre (I,4) knüpft unmittelbar an die Sitzung des Jakobinerklubs an; die Szene endet mit der Aufforderung Lacroix', zum Palais Royal zu gehen, wo man wohl Danton finden werde. In I,5 trifft Lacroix dann, wie erwartet, auf Danton im Palais Royal und erzählt dort von Robespierres Auftritt im Jakobinerklub. Am Ende der Szene kündigt Danton an, er werde sich am kommenden Tag noch zu Robespierre begeben; und die darauf folgende Szene (I,6) zeigt Danton bei Robespierre.

Die weitgehende Einhaltung der Einheit der Zeit und durch die zeitliche Konzentration des Geschehens der Französischen Revolution auf die wenigen Tage vor Dantons Hinrichtung, führt zu einer Dynamisierung bzw. ›Dramatisierung‹ von Zeit. Das Geschehen beschleunigt sich (Präzipitation), Zeit wird zu einem nicht mehr beherrschbaren Faktor. Der Beschleunigung der Zeit steht jedoch an einigen Stellen im Drama ein anderes Zeitgefühl gegenüber: die Entzeitlichung bzw. die Dehnung der Zeit. Den Kontrast von Zeitlichkeit und Entzeitlichung fasst Büchner in diese Antithese:

CAMILLE. Rasch Danton wir haben keine Zeit zu verlieren.

DANTON (*er kleidet sich an*). Aber die Zeit verliert uns (31).

Büchner wechselt auch bewusst zwischen Tag- und Nachtszenen, wobei die Nacht von Alpträumen beherrscht ist, die den Aktionismus lähmen, der Tag hingegen ist mit Aktionen angefüllt. Nur für Danton haben sich Tag- und Nachtzeit weitgehend angeglichen.

Raum

Raumtypen

Während die Einheit der Zeit weitgehend bewahrt zu sein scheint, wechselt der Raum im *Danton* augenscheinlich viel häufiger. Bei genauerem Hinsehen wird man aber auch hier konstatieren müssen, dass in gewisser Hinsicht doch auch die Einheit des Raumes gewahrt ist, denn die Räume, in denen *Dantons Tod* spielt, lassen sich in fünf Gruppen einteilen. Es sind zunächst:

1. Innenräume, Privaträume, in sich geschlossene Zimmer, Räume der Intimität wie I,5 und 6; II,1; II,3 und 5; IV,1 und 6). Es sind dies zugleich auch Räume der Konspiration und Vorzimmer der Macht (III,2; III,8),

2. Halböffentliche Räume, wie der Spielsaal in I,1, die Kerkerzellen im Palais Luxemburg oder das Gefängniszimmer in der Conciergerie,

3. Politische Räume, wie jener Raum, in dem der Jakobinerklub oder der Wohlfahrtsausschuss tagt,

4. Öffentliche Räume, wie die Promenade, Straße oder Gasse, in denen vor allem das Volk oder Vertreter des Volkes ihre Auftritte haben, so z. B. der Platz vor der Conciergerie, der Revolutionsplatz, die Straße vor Dantons Haus.

5. Die ›freie‹ Natur. Sie kommt bezeichnenderweise nur ein einziges Mal vor, nämlich, als Danton sich auf der Flucht befindet. Aber gerade auch im Freien fühlt er sich gefangen, denn er kann seinen Erinnerungen nicht entfliehen.

Metaphorische Räume

Neben diesen Raumtypen schafft Büchner auch metaphorische Räume: Zunächst schwebt über dem ganzen Geschehen das Fallmesser der Guillotine, die zwar erst in der letzten Szene den Bühnenraum besetzt, aber von der ersten Szene an aus dem Hintergrund herrscht. »Ein Requisit überschattet vom ersten Wort an die Räume: die Guillotine. Als ›Fels des Atheismus‹ steht sie am Ende auf der Bühne. Vorher, wenn sie nur beredet wird, dringt auch das Fluidum, der Geruch der Schlachtbank, in die geschlossenen Räume ein. Die Wortfelder des Stinkens und Faulens, vom Grab und den Würmern lassen Blutgeruch und Grabesdunst alle Gespräche begleiten.«[11]

Neben die alles beherrschende Guillotine treten Bilder für den beengenden Raum: vor allem die Gefängnisräume in der zweiten Hälfte des Dramas und das metaphorische Raumbild des Sarges. So äußert sich Danton Camille gegenüber: »Wir sind alle lebendig begraben und wie Könige in drei- oder vierfachen Särgen beigesetzt, unter dem Himmel, in unsern Häusern, in unsern Röcken und Hemden. Wir kratzen fünfzig Jahre lang am Sargdeckel« (67). In der Conciergerie taucht wieder der Vergleich mit dem ›Sarg‹ im Gespräch mit Camille auf: »Will denn die Uhr nicht ruhen? Mit jedem Picken schiebt sie die Wände enger um mich, bis sie so eng sind wie ein Sarg« (73).

Auch Lucile kennt das Beengende des sie umgebenden Raumes, den sie schließlich fliehen muss. Sie verlässt das Zimmer mit den Worten: »Wie das Zimmer so leer ist, die

Fenster stehn offen, als hätte ein Toter drin gelegen. Ich halt es oben nicht aus« (40).

In diesen metaphorischen Bildzusammenhang gehört auch Camilles Alptraum:

»Ich lag so zwischen Traum und Wachen. Da schwand die Decke, und der Mond sank herein, ganz nahe, ganz dicht, mein Arm erfasst' ihn. Die Himmelsdecke mit ihren Lichtern hatte sich gesenkt, ich stieß daran, ich betastete die Sterne, ich taumelte wie ein Ertrinkender unter der Eisdecke. Das war entsetzlich« (74).

Neben Bilder der Raumenge treten solche, die den Raum als einen Ort erscheinen lassen, in dem man sich ganz verloren und unsicher fühlt. Eine solche Wendung ins Kosmische – wie schon in Camilles Alptraum – geschieht in der Szene II,2: Ein »Zweiter Herr« bittet einen anderen Herrn, ihm über eine Pfütze hinwegzuhelfen: »Ja, die Erde ist eine dünne Kruste, ich meine immer, ich könnte durchfallen, wo so ein Loch ist. Man muss mit Vorsicht auftreten, man könnte durchbrechen« (37).

Handlung

Aus der Einheit der Zeit und der des Raumes resultiert zugleich die Einheit der Handlung. Die Handlung ist in *Dantons Tod* fortlaufend dargestellt, die Szenen sind ineinander verfugt, sie bilden weitgehend eine kausale Handlungskette.

Die Handlung setzt sich aus Handlung und Gegenhandlung zusammen, wobei die Handlung eigentlich durch die Titelfigur Danton dominiert wäre, die Gegenhandlung durch seinen Widersacher Robespierre und – in dessen

Gefolgschaft – St. Just. Jedoch erfüllt das Büchner'sche Drama nicht die Handlungserwartung des Theaterzuschauers. In Gutzkows ›*Phönix*-Rezension‹ von *Dantons Tod* heißt es treffend: »Die Handlung selbst ist eine abgeschlossene, schon da, als der Vorhang aufgeht. [...] Büchner gibt uns statt eines Dramas, statt einer Handlung, die sich entwickelt, die anschwillt und fällt, das letzte Zucken und Röcheln, welches dem Tode vorausgeht.«[12]

Die Handlung ist – wie es der Titel sagt – ausgerichtet auf Dantons Tod. »Der Tod [aber] äfft die Geburt, beim Sterben sind wir so hülflos und nackt, wie neugeborne Kinder. Freilich, wir bekommen das Leichentuch zur Windel. [...] Wir können im Grab so gut wimmern, wie in der Wiege« (73). Indem Geburt und Tod zusammenfallen, ist Leben nicht Handeln; Veränderung ist bloße Illusion.

Die Handlungsarmut von *Dantons Tod* resultiert daraus, dass die einzelnen Gestalten nicht autonom handeln, sondern dass mit ihnen gehandelt wird. Was die Gestalten antreibt, ist ein nicht weiter bestimmbares ›Es‹: »Es muss, das war dies Muss. Wer will der Hand fluchen, auf die der Fluch des Muss gefallen? Wer hat das Muss gesprochen, wer? Was ist das, was in uns hurt, lügt, stiehlt und mordet?« (43). Nach diesen Aussagen greift Danton bezeichnenderweise auf das Marionettenbild zurück: »Puppen sind wir von unbekannten Gewalten am Draht gezogen; nichts, nichts wir selbst! Die Schwerter, mit denen Geister kämpfen, man sieht nur die Hände nicht wie im Märchen« (ebd.).

Handlungsarmut

Das Muss

Auch ist der Glaube an eine zwingende Verbindung von Gedanke und Tat geschwunden. »ROBESPIERRE. In einer Stunde verrichtet der Geist mehr Taten des Gedankens als der träge Organismus unsres Leibes in Jahren nachzutun vermag. […] Ob der Gedanke Tat wird, ob ihn der Körper nachspielt, das ist Zufall« (28).

Es ist nicht richtig, *Dantons Tod* als Prototyp eines ›offenen Dramas‹ zu sehen, wie ihn Volker Klotz in seinem Buch *Geschlossene und offene Form im Drama* (München 1969) herausgearbeitet hat: Sicherlich beginnen die meisten Szenen unvermittelt, das Drama selbst setzt mitten in der Unterhaltung Danton–Julie ein und die Fortsetzung des Gesprächs mit Philippeau und Camille kann als Exposition gelesen werden, in der über den Stand der Revolution aus der Sicht Dantons und der Seinigen geurteilt wird. Aber weder das Drama selbst noch die einzelnen Szenen enden mit den typischen Rissrändern, dem abrupten Schluss. Die Szenen und Aktschlüsse sind allesamt pointiert. Der Schluss des Stücks ist Dantons Hinrichtung und die seiner Freunde, Julies Selbstmord und Luciles absichtlich herbeigeführter Tod, der ihrem Ausruf »Es lebe der König!« und ihrer Festnahme folgen wird.

Pointierung der Szenen

> Sicherlich hält sich Büchner bei der Bauform nicht ganz an die geschlossene Tektonik eines Dramas. Aber »trotz der Abkehr von der klassischen Tektonik einer ›steigenden‹ und ›fallenden‹ Handlung ist das Drama auf den Tod Dantons hin komponiert und insofern ›geschlossen‹. Wie der Tod als Leitmotiv durch alle Szenen geistert und sie zunehmend dunkler grundiert, so sind die Bilder allein schon durch die Einheit der Stimmung verbunden, ganz zu schweigen von der Verzahnung der Szenen ineinander. Steigende Todeserwartung bildet mit ihrem Sog zum Ende hin die dramatische Spannung.«[13]

5. Wort- und Sacherläuterungen

3 **Deputierte:** Abgeordnete.

Danton: Georges Jacques D. wurde am 28. Oktober 1759 geboren, war zunächst Advokat, schlug sich 1789 auf die Seite der Französischen Revolution und gründete mit Desmoulins und Marat den Klub der Cordeliers. Seit Dezember 1791 Mitglied der Pariser Stadtverwaltung, trug er wesentlich zu deren Radikalisierung, zur Erstürmung der Tuilerien und zum Sturz des Königtums bei. Mit seiner Ernennung zum Justizminister im August 1792 wurde er zur beherrschenden Figur Frankreichs. Er organisierte den revolutionären Terror, mobilisierte den französischen Widerstandsgeist und Patriotismus gegen die Intervention der europäischen Mächte und verkündete die These von den ›natürlichen Grenzen‹ Frankreichs. Als Abgeordneter im Konvent saß er auf den Rängen der Bergpartei und musste sich wegen angeblicher Geldveruntreuung heftiger Angriffe der Girondisten erwehren. Er selbst warf der Regierung mangelnde revolutionäre Energie vor und dekretierte die Gründung des Revolutionstribunals. Seit April 1793 führend im Wohlfahrtsausschuss, schlug Danton innen- und besonders außenpolitisch eine kompromissbereitere Politik ein, wodurch er in scharfen Gegensatz zu Robespierre geriet, der ihn zunächst aus dem Wohlfahrtsausschuss verdrängte und am 31. März 1794 verhaften ließ. Nach kühner Verteidigung wurde Danton verurteilt und zusammen mit Desmoulins und einigen befreundeten Cordeliers guillotiniert.

Legendre: Louis L. (1752–97) war ein ehemaliger Metzger, der gleichzeitig dem Jakobinerklub und dem Klub der Cordeliers angehörte, sodass seine Haltung recht zwiespältig wurde.

Desmoulins: Camille D. (1760–94). Als radikaler Jakobiner war er 1790 Mitbegründer des Klubs der Cordeliers, wurde nach dem Sturm auf die Tuilerien unter Danton Generalsekretär im Justizministerium und stimmte als Abgeordneter von Paris im Konvent für den Tod Ludwigs XVI. Auf Betreiben Robespierres wurde Desmoulins zusammen mit Danton guillotiniert.

Herault-Sechelles: Marie-Jean H.-S. (1759–94) war Mitbegründer der Verfassung von 1791; Vertreter einer gemäßigten Richtung, am 17. März 1794 verhaftet und zusammen mit Danton enthauptet.

Lacroix: eigentlich: Jean-François Delacroix (1754–94), war Generalleutnant, er wurde 1792 mit Danton vom Konvent zur Armee in die Niederlande gesandt.

Philippeau: Pierre Ph. (1754–94). Der ehemalige Rechtsanwalt wurde als Konventsmitglied im Juni 1793 in die aufständische Vendée, die westfranzösische Provinz südlich der Loire-Mündung, geschickt, wo er gegen die Royalisten kämpfte.

Fabre d'Eglantine: Philippe-François-Nazaire F. d'E. (1755–94) war Verfasser von Lustspielen, in denen er Ideen Rousseaus aufgriff. Er gestaltete den Revolutionskalender mit. War in einen Fälscherskandal um die Handelsgesellschaft »Compagnie des Indes« verwickelt.

Mercier: Louis Sébastian M. (1740–1814). Er war während der Revolution u. a. Mitglied des Rates der Fünfhundert. Zunächst Lyriker, wurde er später Prosaschriftsteller.

Payne (Paine): Thomas P. (1737–1809). Er emigrierte 1774 nach Amerika, wo der republikanisch engagierte Autodidakt mit Flugschriften die Unabhängigkeitsbestrebungen der Kolonien propagierte. Nach Europa zurückgekehrt, verteidigte er in seinen *Rights of man* die Französische Revolution gegen die Angriffe Edmund Burkes. 1792 französischer Staatsbürger und Abgeordneter für das Departement Pas-de Calais im Nationalkonvent, wurde Paine 1793 als Girondist verhaftet, 1794 nach Robespierres Sturz jedoch freigelassen. Rückkehr nach Amerika.

Robespierre: Maximilien de R. wurde am 6. Mai 1758 in Arras geboren. Er war seit 1781 Advokat in Arras, ab 1789 Deputierter des dritten Standes in den Generalständen. Robespierre machte bald durch seine von den Ideen Rousseaus geprägten Reden auf sich aufmerksam und erwarb sich aufgrund seiner bescheidenen Lebensführung und seines Eintretens für das einfache Volk den Ruf des »Unbestechlichen«. Seine demokratische Orientierung und seine Verurteilung der Kriegserklärung an Preußen und Österreich brachten ihn zunehmend in Gegensatz zu den Girondisten. Als Mitglied der Pariser Kommune und des Nationalkonvents wurde Robespierre Führer der Bergpartei. Nach der Flucht Ludwigs XVI. zum Gegner der Monarchie geworden, forderte er die Hinrichtung des Königs ohne Prozess. Immer deutlicher zeigte sich Robespierres Tendenz, die Tugend mit terroristischen Mitteln zu verwirklichen. Zum Sturz der Girondisten (31. Mai – 2. Juni 1793) bediente er sich der Unterstützung der Sansculotten, deren radikale Führungsgruppen (Enragés, Hébertisten) er jedoch ausschaltete. Das Instrument zur Ausübung der Schreckensherrschaft war vor allem der von Robespierre beherrschte Wohlfahrtsausschuss. Mit dem Kult des höchsten Wesens versuchte er, die Revolutionsregierung zusammenzuhalten. Die erneute Verschärfung des Terrors (10. Juni 1794) und die Unzufriedenheit der Sansculotten führten Robespierres Gegner zusammen, die ihn am 27. Juli 1794 verhaften ließen. Am 28. Juli wurde er hingerichtet.

Saint-Just: Louis Antoine Léon S.-J. (1767–94). Er war seit 1792 Mitglied des Nationalkonvents, in dem er sich besonders durch seine Angriffe auf Ludwig XVI. einen Namen machte und 1793/94 den Sturz der Girondisten, Hébertisten und Dantonisten betrieb. Seit 1793 Mitglied des Wohlfahrtsausschusses, unternahm er 1793/94 wichtige Missionen in die Provinz und zu den Armeen. Er wurde zusammen mit seinem Kampfgefährten Robespierre gestürzt und am 28. Juli 1794 hingerichtet.

Barère: Bertrand B. de Vieuzac (1755–1841), eines der radikalsten Mitglieder des Wohlfahrtsausschusses, nachdem er zunächst gemäßigter Girondist gewesen war. Er trug zum Sturz Robespierres bei.

Collot d'Herbois: Jean-Marie C. d'H. (1750–96), Mitglied des Wohlfahrtsausschusses und Präsident des Nationalkonvents. Auch er beteiligte sich am Sturz Robespierres.

Billaud-Varenne: Jacques-Nicolas B.-V. (1756–1819), bekannt als ein vehementer Redner im Jakobinerklub, dessen Leiter er 1791 war. Er gilt als Anstifter des Aufstands vom 10. August 1792; ordnete mit Danton die Septembermorde an und war Mitglied des Wohlfahrtsausschusses und Präsident des Nationalkonvents. Auf seinen Antrag hin wurden die Königin und der Herzog von Orléans guillotiniert. Er gehörte zunächst zu den blutdürstigen Anhängern Robespierres, dessen Sturz er aber später anstiftete.

Amar: Jean-Baptiste-André Amar (1755–1816), Advokat, gehörte zu den Königsmördern; zunächst glühender Anhänger Robespierres, später dann einer derjenigen, die für Robespierres Sturz mitverantwortlich waren.

Vouland: Jean-Henri V. (1751–1801) war Anwalt, Abgeordneter bei den Generalständen, 1792 Mitglied des Konvents und schließlich für kurze Zeit dessen Präsident; Mitglied des Kassationsgerichts und später des Sicherheitsausschusses. Am 28. Mai 1795 wurde er als Robespierrist verhaftet, dann aber amnestiert.

Chaumette: Pierre-Gaspard Ch. (1763–94), ein ehemaliger Schiffsjunge, der 1792 durch die Revolution zum Amt des Prokurators von Paris gelangte. Er gehörte zu den Anhängern Héberts, mit dem er zusammen hingerichtet wurde. Nannte sich nach dem griechischen Philosophen Anaxagoras.

Dillon: Arthur D. (1750–94), gebürtiger Engländer, der 1792 die Ardennenarmee befehligte und als Girondist hingerichtet wurde.

Fouquier-Tinville: Antoine Quentin F.-T. (1746–95). Robespierre ernannte ihn 1793 zum öffentlichen Ankläger des Revolutionstribunals. Nach dem Sturz Robespierres wurde Fouquier-Tinville selbst Opfer der Guillotine (7. Mai 1795).

Herman: Martial Joseph Armand H. (1749–95). Der ehemalige Präsident des Kriminalgerichts von Calais wurde durch Robespierre Präsident des Revolutionstribunals und Innenminister. Nach dem Tod Robespierres verurteilte ihn das Tribunal, dem er selbst vorgestanden hatte, zum Tod durch die Guillotine.

Dumas: René-François D. (1758–94) war früher Mönch, wurde dann aber von Robespierre als Präsident des

Revolutionstribunals eingesetzt. Er lenkte die Anhänger Robespierres außerhalb des Konvents, organisierte den Widerstand gegen den Sturz Robespierres am 27. Juli 1794. Zusammen mit Robespierre wurde er hingerichtet.

Paris: auch Fabricius genannt, Geschworener des Revolutionstribunals, bemühte sich um die Aussöhnung zwischen Robespierre und Danton; warnte Danton frühzeitig vor der Verhaftung.

Simon, Souffleur: Vorsager, Hilfe für die Schauspieler am Theater.

Laflotte: Mitgefangener von Dillon; verriet den Plan zur Befreiung Dantons.

Julie: Louise Danton, geb. Gély, war Dantons zweite Frau, die er 1793 sogar unter der Bedingung einer kirchlichen Trauung heiratete. Der Freitod Julies ist Büchners Erfindung. Sophie bzw. Louise Danton überlebte die Revolution und selbst noch Büchner. Sie starb 1856.

Lucile: Lucile Desmoulins, geb. Duplessis, wurde in Wirklichkeit auf die Denunziation Laflottes hin verhaftet und am 13. April 1794 guillotiniert.

Grisetten: Dirnen.

5,8 **Cœur:** (frz.) Herz (auch Spielkartenzeichen).

5,9 **Carreau:** Spielkartenzeichen: Karo, Raute (Eckstein); dann aber auch die Vulva meinend.

6,19 **rote Mütze:** eine rote Wollmütze nach Art der phrygischen Mütze; sie war schon in der Antike Zeichen der Freiheit. In der Französischen Revolution war sie das Erkennungszeichen der Jakobiner.

der heilige Jakob: Ein ehemaliges, dem heiligen Jakob geweihtes Kloster war der Versammlungsort derjenigen revolutionär Gesinnten, die sich dann später die »Jakobiner« nannten.

6,23 **Sokrates:** griechischer Philosoph (469–399 v. Chr.).

6,24 **Alcibiades:** Alkibiades: athenischer Feldherr und Politiker (um 450–404 v. Chr.).

6,34 **Decemvirn:** die zehn Mitglieder des Wohlfahrtsausschusses.

7,1 **Antediluvianern:** hier: Vorsintflutler.

7,3 **Advokat von Arras:** der aus Arras stammende Robespierre.

7,4 **Genfer Uhrmachers:** der aus Genf stammende Philosoph, Jean-Jacques Rousseau (1712–78), der früher Uhrmacher gewesen war.

Fallhütchen: gepolsterter Hut, mit dem der Kopf des Kindes vor Blessuren beim Fallen geschützt werden soll.

7,7 **Marats Rechnung:** Jean Paul M. (1744–93) war Präsident des Jakobinerklubs und hauptverantwortlich für die Septembermorde. Er wurde am 13. Juli 1793 von Charlotte Corday ermordet. Seine Rechnung, mit der er sich gegen die Girondisten verteidigte, lautete: »Wenn ich dazu geraten habe, 500 Royalistenköpfe fallen zu lassen, so geschah das nur, um 500 000 unschuldigen Bürgern ihre Köpfe zu erhalten.«

8,1 **Bacchantinnen:** Tänzerinnen, die den römischen Weingott Bacchus in ekstatischen Tänzen feierten.

8,7 **Epikur:** griechischer Philosoph (341–270 v. Chr.), der eine Lebenshaltung lehrte, welche die innere Glückseligkeit sich zum Ziel setzte. Durch maßvollen Lebensgenuss und die Beherrschung der Begierden durch den Verstand sollte sich ein inneres Gleichgewicht einstellen. In der Folge wurde die Ethik des Epikur als trivialisierter Epikurismus zu einer reinen Genusslehre abgewertet.

8,8 **Chalier:** Joseph Ch. wurde am 7. Februar 1793 in Lyon als Anhänger Héberts von der Gegenrevolution hingerichtet und galt den Jakobinern seitdem als »Märtyrer der Revolution«.

8,23 **Gevatter:** Taufpate.

8,28 **Catonen:** Anspielung auf Marcus Julius Cato (234–149 v. Chr.), der Robespierre als sittenstrenges Vorbild diente.

9,8 **Kuppelpelz:** hier: Kupplerin.

9,8 f. **Sublimatpille:** Quecksilberchlorid, das im 18. Jahrhundert zur Behandlung der Syphilis verarbeitet wurde.

9,14 **Vestalin:** zur Keuschheit verpflichtete römische Priesterin des Herdfeuers.

9,28 **Virginius:** Römer, der seine Tochter erstach, um sie vor den Nachstellungen des Appius Claudius zu retten.

10,25 **Lucretia:** Römerin, die sich selbst erstach, nachdem sie durch den Prinzen Sextus Tarquinius vergewaltigt worden war.

10,34 **Ergo:** (lat.) also.

11,34 **Hanflocke:** Schlinge am Seil des Henkers.

12,10 **Ohnehosen:** Sansculotten.

12,13 **August und September:** Am 10. August stürmte das Volk die Tuilerien und setzte den König mit seiner Familie im Temple gefangen, vom 2. bis 6. September 1792 wurden in Paris 1100 bis 1400 Verdächtige in den Gefängnissen umgebracht (Septembermorde).

12,27 **Aristides:** athenischer Feldherr (um 530–467 v. Chr.), der als gerecht und damit unbestechlich galt. Robespierre erhielt vom Volk den Beinamen »Der Gerechte« und »Der Unbestechliche«.

12,29 **Messias:** im Alten Testament der von Gott verheißene Erlöser.

13,12 **Baucis:** In der griechischen Sage bilden Philemon und B. das vollkommene Ehepaar. Ihnen gewähren die Götter die Gnade eines gemeinsamen Todes im hohen Alter.

sammelst Kohlen: s. Röm. 12,20 und Spr. 25,22.

13,16 **Porcia:** Tochter des Cato Uticensis, in zweiter Ehe mit dem Cäsar-Mörder Brutus verheiratet; sie beging als überzeugte Republikanerin Selbstmord.

13,18 **Sein Wahnsinn:** s. Shakespeares *Hamlet* V,2.

13,26 **Lyoner:** In Lyon war es zu einem Aufstand der Anhänger der Monarchie und dem von den Girondisten geführten, gemäßigten Bürgertum gekommen, der sich gegen die Schreckensherrschaft der Jakobiner wandte. Opfer der Erhebung war Chalier (vgl. Anm. zu 8,8), der am 7. Februar 1793 hingerichtet wurde. Als die Jakobiner nach der Niederschlagung des Aufstands ihrerseits den General Ronsin hinrichteten, der wie Chalier Anhänger Héberts war, hatten sich die Jakobiner an zwei Fronten zu verteidigen. Der Schauspieler Gaillard, ebenfalls Hébertist, hatte Selbstmord begangen.

14,3 **Pitts:** William P. d. J. (1754–1806), britischer Staatsmann, der als Premierminister England 1793 in den Krieg gegen das revolutionäre Frankreich führte. P. wurde zum Führer der europäischen Koalition.

14,10 **31. Mai:** An diesem Tag des Jahres 1793 hatten sich die Girondisten gegen den Konvent erhoben.

14,11 **Dolch des Cato:** Marcus Porcius C. (95–46. v. Chr.) beging als Republikaner und Gegner Cäsars nach dessen endgültigem Sieg in Utica Selbstmord.

14,13 **Becher des Sokrates:** Zum Tode verurteilt, trank S.

den Becher mit giftigem Schierling aus, obwohl man ihm eine Fluchtmöglichkeit eingeräumt hatte.

14,18 **Diktionär:** Wörterbuch der Académie Française.

14,20 **witzig:** hier noch in der alten Bedeutung von ›klug‹.

14,22 **in effigie:** im Bildnis bzw. Abbild.

14,36 **Medusenhäupter:** Medusa war in der griechischen Mythologie ein Ungeheuer, dessen furchtbarer Blick versteinerte.

15,17 **Faktionen:** politischen Gruppen.

15,22 **Diversion:** unerwarteter Angriff.

16,9 **Satellit:** hier: Gefolgsmann.

16,25f. **England ... Öst[er]reich:** zwei der Koalition gegen das revolutionäre Frankreich angehörende Länder.

16,31 **Kainszeichen:** Merkmal, das Kain als sichtbares Zeichen des Bösen an der Stirn trägt.

17,14 **Tacitus:** römischer, republikanisch gesonnener Geschichtsschreiber (um 55 – nach 116). Robespierre spielt hier auf Camille Desmoulins an, der in seiner Zeitung *Le vieux Cordelier* den Terror der Radikalen mit Tacitus-Zitaten über die Herrschaft des Tiberius angegriffen hatte.

17,15 **Sallust:** römischer Geschichtsschreiber und Politiker (86–35. v. Chr.), *Über die Verschwörung des Catilina.*

Catilina: römischer Patrizier (108–62 v. Chr.), der, als er bei der Konsulwahl zum zweiten Male durchfiel, einen Gewaltstreich gegen die Republik unternahm, aber an der Wachsamkeit des damaligen Konsuls Cicero scheiterte.

travestieren: ein Werk verspotten, indem es unter Beibehaltung des Inhalts in eine ihm unangemessene Form gebracht wird.

18,5 **deinen Büsten:** die Büsten Marats und Chaliers.

18,6 **Stutzern:** überbetont modisch gekleideten Männern.

18,18 **Ultrarevolutionärs:** äußerst radikalen Revolutionärs.

18,25 f. **Contrerevolution:** Gegenrevolution.

18,28 **Minotaurus:** Fabelwesen der griechischen Sage, auf dessen menschlichem Körper ein Stierkopf sitzt. Es lebte im Labyrinth von Kreta von Menschenopfern.

18,31 f. **Mediceische Venus:** Marmorkopie einer griechischen Aphroditestatue aus dem 1. Jahrhundert v. Chr.; sie befand sich im Besitz des florentinischen Geschlechts der Medici.

18,32 **Palais-Royal:** ursprünglich der Palast Richelieus, dann im Besitz des Duc d'Orléans, später umgebaut, diente er mit Läden, Cafés, Spielsälen, Bordellen und anderen Vergnügungsstätten als beliebter Aufenthaltsort.

18,35 **Medea:** In der griechischen Mythologie ermordete M., Königstochter in Kolchis, die mit Jason, dem Führer der Argonauten, welchem sie zum Goldenen Vlies verholfen hatte, floh, ihren Bruder Absyrtus und warf, um die Verfolger aufzuhalten, die zerstückelte Leiche ins Meer.

21,19 **Nönnlein von der Offenbarung durch das Fleisch:** Prostituierte.

21,21 **gibt einer die Disziplin:** geißelt sie.

21,22 **zu fasten bekommen:** Anspielung auf die Ansteckung mit einer Geschlechtskrankheit.

21,33 **Adonis:** schöner Jüngling, der von Aphrodite geliebt wurde. Auf der Jagd tötete ihn ein Eber; aus seinem Blut ließ Aphrodite Rose und Anemone wachsen.

22,3 **Herdweg:** Herdenweg.

22,9 **schießen … an:** sich festsetzen.

22,10 **Torso:** Rumpf.

22,13 **Sublimatstufe:** s. Anm. zu 9,8.

22,15 **barmherzige Schwestern:** Prostituierte; ursprünglich: Mitglieder eines weiblichen katholischen Ordens, dessen Mitglieder sich besonders der Krankenpflege annahmen.

22,26 **Toga:** wollenes Obergewand der Römer; sich in die Toga hüllen: sein Haupt verhüllen.

22,28 **Paetus:** P., ein angesehener Römer, und seine Frau waren in eine Verschwörung gegen Kaiser Claudius verwickelt. Im Angesicht der Folter erstach sich die Frau mit einem Dolch, den sie sterbend ihrem Mann mit den zitierten Worten reichte.

22,31 **Terreur:** Schrecken(sherrschaft).

22,36 **Halsweh:** hier: Anspielung auf die Hinrichtung durch die Guillotine.

23,8 **Brutus:** Lucius Junius B. befreite Rom um 500 v. Chr. von den Königen. Der Überlieferung nach soll er seine beiden Söhne zum Tode verurteilt haben, als sie die Wiedereinsetzung des Königsgeschlechts der Tarquinier betrieben.

23,19 **Laterne:** Galgen der Revolution.

23,21 **Saturn:** römische Gottheit (griechisch: Kronos), der zur Sicherung seiner Herrschaft seine eigenen Kinder verschlang.

23,33 **Sektion der roten Mütze:** eine der 48 revolutionären Vertretungen der Pariser Stadtbezirke.

23,35 **der Mann des September:** Danton und die Herrschaft des Konvents.

24,11 **Eunuch:** kastrierter Mann.

24,17 **Carmagnole:** kurze Jacke der piemontesischen Arbeiter, die sich in Marseille an der Revolution beteiligt hatten. Marseiller Revolutionäre führten die Carmagnole dann in Paris ein, wo sie von den Mitgliedern des Jakobinerklubs als Zeichen revolutionärer Gesinnung getragen wurde. Nach ihr wurde ein Tanzlied der Revolution genannt.

24,22 **Arsenal:** Waffenlager.

24,35 **Mons Veneris:** Schamhügel.

Tarpejischer Fels: felsiger Abhang am römischen Kapitol, von dem zum Tode verurteilte Strafgefangene hinuntergestürzt wurden.

25,14 **abgekitzelten:** kraftlosen.

25,23 f. **Moralphysiognomie:** Gesichtsausdruck, dem ein hohes sittliches Verhalten ›abzulesen‹ ist.

26,13 **Epikureer:** Anhänger der Lehre des Epikur (s. Anm. zu 8,7).

26,22 **proskribieren:** einen politischen Gegner ächten.

26,26 **Streiche:** hier: Schläge.

27,5 **aus der Sonne gehen:** Der griechische Philosoph Diogenes (um 412–323 v. Chr.) soll Alexander dem Großen entgegnet haben, als dieser ihn fragte, was er für ihn tun könne: »Geh mir aus der Sonne.«

28,15 **Epigrammen:** hier: Kurzgedichten.

29,3 **Konstitutionsakte:** Verfassung aus dem Jahre 1791.

29,7 **der alte Franziskaner:** die von Camille Desmoulins herausgegebene Zeitung *Le vieux Cordelier*. Den Klub der Cordeliers hatte Danton zusammen mit Freunden gegründet.

29,11 **Kalvarienberge:** Schädelstätte, Ort der Kreuzigung Christi, Golgatha.

Schächern: Straßenräubern; hier: die beiden an der Seite Christi gekreuzigten Verbrecher.

29,12 **Couthon:** Georges Auguste C. (1755–94), Mitglied des Wohlfahrtsausschusses, war fanatischer Anhänger

Robespierres, mit dem er auch hingerichtet wurde. Er war halbseitig gelähmt.

Collot: Er gehörte ebenfalls zu den Anhängern Robespierres.

29,15 f. **apokalyptischen Offenbarungen:** s. Ende des Johannes-Evangeliums.

29,17 **Monstranz:** Kultgefäß zum Ausstellen der geweihten Hostie.

29,18 **St. Denis:** Dionysius von Paris starb im 3. Jahrhundert den Märtyrertod. Er wird in Frankreich als Nationalheiliger verehrt. Nach seiner Enthauptung auf dem Montmartre soll er mit dem Kopf in der Hand bis zum heutigen Vorort Denis gegangen sein.

29,25 f. **den alten Sack:** Spiel mit dem Namen Barère de Vieuzac (Vieux sac).

29,29 f. **hippokratische Gesicht:** der vom Tod gezeichnete Gesichtsausdruck eines Sterbenden.

30,1 **Fälscher:** Chabot, Delaunay, Basire, Fabre d'Eglantine, dazu die Spanier Gusman, die Österreicher J. und I. Frey und der Däne Diederichs hatten ein Dokument über die Auflösung der Indischen Kompanie gefälscht, um sich dadurch zu bereichern. Sie sollten zusammen mit Danton vor Gericht gestellt werden.

30,2 **Ei … ab:** nach einer französischen Redensart, die sich auf die Abfolge der römischen Mahlzeit bezieht, bei der mit einem Ei begonnen, später dann mit Obst abgeschlossen wurde.

30,17 **Menschen Sohn:** Jesus Christus.

30,18 **Gethsemanegarten:** Olivengarten am Fuße des Ölbergs, in den sich Christus vor seiner Verhaftung zum Gebet zurückzog.

31,23 **vom Tale:** Auf den obersten Bänken saßen im Nationalkonvent die Radikalen (Bergpartei), unten die Gemäßigten.

31,25 **Brutus:** Marcus Iunius B. (85–42 v. Chr.) gehörte zu jenen Verschwörern, die Cäsar am 15. März 44 im Senat erstachen.

Tribünen: Hier sind die Abgeordneten des Nationalkonvents gemeint. (Der Volkstribun konnte seit 471 v. Chr. durch das Veto die Beschlüsse des Senats verhindern.)

31,32 **Sektionen:** die 48 Verwaltungsbezirke, in die Paris eingeteilt war.

31,33 **Leichenbitter:** derjenige, der in ländlichen Gegenden die Gäste zur Trauerfeier einlud.

32,16 **Cordeliers:** ein revolutionärer Klub von 1790, der im Kloster der Franziskaner, die ihre Kutte mit einem Strick zusammenhielten, tagte und von Danton mitgegründet worden war.

32,36f. **Algebraisten im Fleisch:** Algebraisten: nüchterne Rechner; hier im Sinne von: Naturwissenschaftler, die mit den Menschen experimentieren.

33,22 **Epos:** Verserzählung.

33,24 **Essenz:** konzentrierter Auszug aus Naturprodukten; Wesen einer Sache.

Zübern: Zubern: Bütten.

34,12f. **Jacqueline … Cornelia:** Die im Zuge der Französischen Revolution aufkommende Römer-Mode verlangte die Latinisierung der Vornamen.

35,1 **Pike:** langer Spieß der Landsknechte.

36,27 **à l'enfant frisiert:** ›auf Kind‹ frisiert; hier: er hat ihr ein Kind gemacht.

38,1 **Sentenz:** Denkspruch.

38,19 **Pygmalions Statue:** Pygmalion, König von Kypras und Bildhauer, verliebte sich in eine von ihm geschaffene Statue einer Jungfrau, die daraufhin von der Göttin Aphrodite zum Leben erweckt wurde.

38,21 **David:** Jacques-Louis D. (1748–1825) war Maler (*Tod des Marat*) und radikales Mitglied des Konvents.

38,23 **Force:** Pariser Gefängnis.

39,1 f. **Hudeleien:** Scherereien.

40,28 **Lorgnon:** einglasige Brille mit einem Stiel als Griff.

42,22 **Die Könige waren [...] von Paris:** Vormarsch der Koalitionsarmeen 1792, die durchweg aus monarchischen Staaten kamen.

42,23 **Festungen:** Verdun und Longwy im August/September 1792.

42,35 f. **es muss ja Ärgernis kommen:** s. Matth. 18,7.

43,22 **Perpendikel:** Pendel einer Uhr; hier: Anspielung auf die männlichen Genitalien.

43,27 **Eichenkrone:** Auszeichnung, die der römische Senat einem Bürger für besondere Verdienste um die Republik verlieh.

43,29 f. **Eichelkron/Eicheln:** vorderer Teil des männlichen Gliedes.

44,15 **vor den Schranken des Konvents:** vor dem Gericht.

44,18 **Dekret:** behördliche Verordnung.

46,9 **Lafayette:** Marie Joseph, Marquis de L. (1757–1834) schloss sich der Revolution an. Er nahm als General am amerikanischen Unabhängigkeitskrieg teil, legte der französischen Nationalversammlung 1789 den Entwurf der Erklärung der Menschenrechte vor und kommandierte die Nationalgarde und die Nordarmee; 1792 musste er als Verfechter einer konstitutionellen Monarchie fliehen.

Dumouriez: Charles François D. (1739–1823) war seit 1792 Außen- und Kriegsminister. Nach Lafayettes Flucht befehligte er als General die Revolutionstruppen. 1793 bei

Neerwinden geschlagen, kam er mit den Jakobinern in Konflikt, die ihn als Girondisten verdächtigten. Unsicher, ob ihm die Armee gegen die Jakobiner nach Paris folgen würde, floh er nach Österreich. Der Konvent in Paris setzte einen Preis von 300 000 Livres auf seinen Kopf.

46,9 f. **Brissot:** Jacques Pierre B. (1754–93), ehemaliger Schreiber, wurde Führer der Girondisten. Er protestierte gegen die Absetzung des Königs und geriet in Gegensatz zu Robespierre, der ihn guillotinieren ließ.

47,23 f. **tellurischen:** von der Erde stammenden.

48,21 **14. Juli:** 14. Juli 1789: Datum des Sturms auf die Bastille, der die revolutionären Ereignisse auslöste.

10. August: Am 10. August 1792 wurde der revolutionäre Gemeinderat von Paris gegründet und der König gefangen genommen.

31. Mai: 31. Mai 1793: Entmachtung der Girondisten.

48,37 **Pelias:** Die Töchter des Pelias zerstückelten ihren Vater in der Hoffnung, ihn so zu verjüngen. Medea gab ihnen den Gedanken ein, um sich an Pelias zu rächen.

50,3 **Luxemburg:** Schloss in Paris, das nach dem Tode der Maria von Medici (Gattin Heinrichs IV.) an Gaston d'Orléans, den Bruder Ludwigs XIII., fiel und nach ihm als Palais d'Orléans bezeichnet wurde. Die Revolution machte aus dem Palast ein Gefängnis.

50,11 **Anaxagoras:** griechischer Philosoph (um 500 – 428 v. Chr.), der einen unpersönlich zu denkenden Weltgeist annimmt, der die Weltordnung verbürgt. Chaumette benannte sich selbst nach diesem Philosophen.

50,11 f. **katechisieren:** mit jemandem die Glaubenssätze durchsprechen bzw. sie abfragen.

50,29 **Quod erat demonstrandum:** Was zu beweisen war. Schlusssatz in einem mathematischen Beweisverfahren.

51,2 f. **Spinoza:** Der Philosoph Baruch de S. (1632–77) lehrte, dass Natur und Geist ihrem Wesen nach identisch sind, da sie nur zwei Seiten der einen unendlichen Substanz darstellen.

51,7 f. **Tripper:** Geschlechtskrankheit.

51,18 **Voltaire:** Pseudonym für François-Marie Arouet (1694–1778), französischer Schriftsteller und Philosoph; wichtiger Vertreter der französischen Aufklärung, der Kirche, Religion und Aberglaube heftig bekämpfte, aber die Existenz Gottes nicht leugnete.

51,32 **gescheuter:** gescheiter.

53,2 **Madame Momoro:** Frau eines mit Hébert hingerichteten Buchhändlers, die, von Beruf Schauspielerin, beim »Fest der Vernunft« 1793 die Göttin der Vernunft dargestellt hatte.

53,3 **Rosenkränze:** Die geschwollenen Lymphknoten in der Leistengegend, die ein Symptom der Syphilis sind, werden hier mit dem zum Gebet verwendeten Rosenkranz verglichen.

53,8 f. **Ölung geben … beschneiden lassen:** Riten, wie sie im Christentum, im Islam und Judentum ausgeübt werden.

53,17 **Dogge mit Taubenflügeln:** in den Quellen überlieferter Spottname für Danton, seine aggressive und zugleich seine melancholisch, sanftmütige Seite zeigend.

53,26 **Schlagfluss:** Schlaganfall.

53,30 **Leichdörner:** Hühneraugen.

54,8 **Blut der zweiundzwanzig:** Am 15. April 1793 wurden 22 Girondisten aus dem Konvent ausgeschlossen, am 30. Oktober 21 von ihnen hingerichtet.

54,12 f. **Generalprokurator der Laterne:** So hatte sich Desmoulins selbst als ›Hauptverwalter‹ der Laternen bezeichnet, denn er hatte die Beleuchtung von Paris durch Laternen eingeführt.

55,7 **Wir losen nicht:** Die Geschworenen des Tribunals, die über die Schuld des Angeklagten zu befinden hatten, wurden nach dem Gesetz ausgelost.

55,9 **Heckefeuer:** Schießen aus dem Hinterhalt.

56,2 **Das Luxemburg:** Pariser Untersuchungsgefängnis während der Revolution (vgl. Anm. zu 50,3).

56,13 **Römer:** hier spöttisch gemeint für die Pariser.

56,20 **Bajazet:** wahrscheinlich der türkische Sultan Bajasid I. (1389–1402), der sich den Thron durch Hinrichtung seines Bruders sicherte, in drei Jahren den Balkan unterwarf und Konstantinopel belagerte; er wurde 1402 von dem Mongolen Timur gefangen.

57,7 f. **Mirabeau:** Honoré Gabriel de Riquete Graf von M. (1749–91) war Verfasser der *Essais sur le despotisme*, Jakobinerführer und Präsident der Nationalversammlung. 1791 versuchte er, zwischen Revolution und König zu vermitteln. Er wurde nach seinem Tode des Verrats beschuldigt. Das Volk entfernte seine Gebeine aus dem Pantheon und zerstreute sie.

57,8 **Orléans:** Louis-Philippe Herzog von O., Verwandter des Königs. Er stellte sich als radikales Mitglied der Nationalversammlung auf die Seite der Revolution. Als Philippe Egalité war er auch im Konvent. Er stimmte für den Tod des Königs, wurde aber 1793 selbst hingerichtet.

57,9 **Ludwig des Siebzehnten:** Ludwig XVII. (1785–95) war Erbe Ludwigs XVI., der während der Aufstände in den Provinzen von den Anhängern der Monarchie zum König ausgerufen worden war. Er starb 1795 in Gefangenschaft. Zwei Jahre zuvor hatten die Revolutionäre den Achtjährigen in die Obhut eines Schusters gegeben.

57,10 **konspiriert:** sich verschworen.

58,6 **elender St. Just:** Er hatte die Anklage gegen Danton erhoben.

58,8 **gedenken Sie Marats:** Marat war 1793 angeklagt, dann aber wieder freigesprochen worden.

58,17 **auf dem Marsfelde:** Am 17. Juli 1791 fand auf diesem Exerzierplatz eine Unterschriftensammlung für die Absetzung des Königs statt, dabei kam es zu blutigen Zusammenstößen.

58,19 **21. Januar:** 21. Januar 1793: An diesem Tag war Ludwig XVI. hingerichtet worden.

58,29 **platten:** hier: dummen.

58,37 **geätzt:** gespeist.

59,3 **Satelliten des Despotismus:** die Adligen.

60,2 **bis zu den Brücken:** Der Justizpalast befand sich auf der Ile de la Cité.

60,19 **Blutschande:** Inzest.

60,21 **Ödipus:** Gestalt aus der griechischen Mythologie. Er erschlug unwissentlich seinen Vater und heiratete seine Mutter.

60,24 **Assignaten:** Schuldverschreibungen; eine Art Papiergeld, das auf die Kirchengüter und den Königsbesitz ausgegeben wurde.

61,13 **Tertie:** 60. Teil einer Sekunde.

62,1 **Samson:** Die Familie Samson stammte aus Florenz und war mit Maria von Medici nach Frankreich gekommen. Sie stellte die Scharfrichter: Charles-Henri (1740–1793) vollstreckte das Todesurteil an Ludwig XVI., ihm folgte im Amt sein Sohn Henri (1767–1840).

62,6 **insolente:** unverschämte.

62,12 **der hörnerne Siegfried:** Der Held aus der germanischen Sage, Siegfried, badete in Drachenblut, das ihn durch eine Hornhaut bis auf eine kleine Stelle zwischen den Schultern unverwundbar machte.

62,12 f. **Septembrisierten:** die im September 1792 Hingerichteten.

62,27 **St. Pelagie:** ehemaliges Nonnenkloster in Paris, das während der Revolutionszeit als Gefängnis diente.

63,20 f. **konspiriert:** zettelt eine Verschwörung an.

63,22 **nämlichen:** selben.

63,24 **Bouteille:** (frz.) Flasche.

63,35 **Perioden:** längere Satzgefüge.

64,1 **dekretieren:** Verfügung erlassen.

64,14 **Consul:** oberster Beamter in der römischen Republik.

64,16 **verletzten Förmlichkeit:** Verletzung einer Rechtsform.

64,22 **Semele:** Zeus erschien seiner Geliebten unter Donner und Blitz. Von der Glut verzehrt, gebar sie sterbend Dionysos.

64,28 **Spezifikum:** hier: Medizin.

Lustseuche: Geschlechtskrankheit.

64,29 **Moderierten:** Gemäßigten.

64,36 f. **liegen:** in liegender Stellung wurde guillotiniert.

65,4 **Clichy:** Ort nordwestlich von Paris, in dem einige der Revolutionäre ihre Lusthäuser hatten, wo sie ihre Orgien feierten.

65,6 **Haarstern:** Komet.

65,7 **Rückenmark:** Anspielung auf die Folgen der Syphilis.

65,10 **Demahy:** Mätresse von Barère.

65,14 **Mahomet:** hier: nur in der Bedeutung von Schwärmer; Stelle aber schlecht lesbar, deshalb nur Vermutung.

65,20 **Septembriseurs:** Mörder, die im September 1792 die politischen Gefangenen niedermetzelten.

66,12 **Pakten:** Pluralform von *Pakt*.
66,23 **Fibern:** Fasern von Muskeln und Nerven.
66,26 **Herbstzeitlose:** Liliengewächs.
67,14 **der Ewige Jude:** nach der Legende der Schuster Ahasverus von Jerusalem, der Christus auf dem Weg nach Golgatha von seiner Schwelle vertrieb, als er ausruhen wollte: Zur Strafe muss er, ohne sterben zu können, ewig durch die Welt wandern.
67,16 **wie es im Lied heißt:** In Ch. F. D. Schubarts (1739–1791) Gedicht *Der ewige Jude* heißt es: »Ha! Nicht sterben können! Nicht sterben können!«
68,20 **Zitadelle:** Kernstück einer Befestigungsanlage.
69,18 **Raben:** hier: Vögel des Unglücks, des Galgens, des Todes.
70,24 **Burgunder:** Wein aus Burgund.
70,31 **Der Fremde:** der Feind.
71,17 **Brutus:** Es kann sowohl Lucius Iunius Brutus (s. Anm. zu 23,8) als auch Marcus Iunius Brutus (s. Anm. zu 31,25) gemeint sein.
72,23 **nach Platon:** Eher als Platon ist die mittelalterliche Schule der Neuplatoniker mit ihrer Dämonenlehre gemeint.
75,2 **Die Nachtgedanken:** *The Complaint, or Night Thoughts on Life, Death, and Immortality*, ein Lehrgedicht des Engländers Edward Young (1683–1765), erschienen 1742–45.
75,3 f. **die Pucelle:** *La pucelle d'Orléans*, ein komisches Epos von Voltaire.
75,14 **Bestallung:** Ernennung, Auftrag.
75,17 **Sous:** kleine französische Münze.
75,23 **Metier:** Beruf.
76,5 **Quarantän:** Isolierung ansteckungsverdächtiger Per-

sonen über die Beobachtungszeit von etwa 40 Tagen, um eine etwaige Ansteckung feststellen zu können.

76,17 **Steinrock:** Gefängniswand.

eisernen Maske: eisernen Gitter.

76,26 f. **unleidliche:** unbequeme.

77,10 **des vers:** doppeldeutiger Ausdruck, da *vers* sowohl ›Verse‹ als auch ›Würmer‹ meinen kann.

77,13 f. **Wir waschen unsere Hände:** Anspielung auf Matth. 27,24, wo sich Pilatus die Hände vor dem Volk in Unschuld wäscht.

77,17 **Couthon:** Georges-Auguste C. (1755–94) war Anhänger Robespierres, der wegen seiner Gebrechlichkeit und seiner Lähmung in einem Wagen gefahren wurde.

77,21 **kosmopolitischsten:** weltbürgerlichsten.

77,23 f. **Klytämnestra:** Gemahlin des Agamemnon, den sie nach seiner Rückkehr von Troja mit Hilfe ihres Liebhabers Ägisthos erschlug.

77,35 **fossilen:** versteinerten.

78,3 **Simson:** Gestalt aus dem Alten Testament. Von S. wird berichtet, er habe die feindlichen Philister mit einem Eselskinnbacken erschlagen. Anspielung aber auch auf den Henker Samson, deshalb »Kainsbrüder«.

78,7 **Nero:** römischer Kaiser (54–68 n. Chr.), der blutrünstig und despotisch herrschte.

78,21 **Antike:** hier: Fund aus der Antike.

78,23 **Rot:** rote Schminke.

79,2 **greint:** weint.

79,9 **Stoiker:** Anhänger der philosophischen Lehre des Stoizismus, der den Menschen ein von der Vernunft geleitetes tugendhaftes Leben nahe legte. Durch ein glückliches Leben wird belohnt, wer seine Leidenschaften zu beherrschen vermag und sein Schicksal mit Gelassenheit entgegennimmt.

79,13 **seine Toga zu drapieren:** den Faltenwurf der Toga zu ordnen.

79,24 **Zeter:** Wehgeschrei.

79,34 f. **Molochsarmen:** Der babylonische Gott Moloch verlangte ständig neue Kinderopfer.

79,37 **Äther mit seinen Goldaugen:** bestirntes Firmament.

80,24 **Phiole:** kleine, birnenförmige Glasflasche.

81,11 **Carmagnole:** Name eines volkstümlichen Revolutionsliedes (s. Anm. zu 24,17).

81,12 **Marseillaise:** von Leutnant Rouget de Lisle (1760–1836) verfasstes Marschlied, das von den Revolutionstruppen aus Marseille beim Einzug in Paris gesungen wurde und zu dem bekanntesten Revolutionslied aufstieg.

81,22 f. **ihr Berge fallet auf uns!:** s. Hos. 10,8 und Luk. 23,30.

81,28 **Charon:** der Fährmann in der griechischen Mythologie, der die Seelen der Verstorbenen über den Fluss der Unterwelt (Styx) ruderte.

81,32 **Libation:** Trankopfer, das in der Antike zu Beginn eines Gastmahls für die Götter verschüttet wurde.

82,14 **Ich sterbe doppelt:** weil auch ein todkranker Mann.

82,34 **Streich:** Hieb.

83,14 **Konstitutionsfest:** Hérault-Séchelles verfasste die Konstitutionsakte von 1791; Fest am 10. August 1793 zur Annahme der Konstitution.

83,31 **Ellervaters:** Dialektform von: Großvater.

84,18 **Es lebe der König!:** Diesen Einfall Luciles hat Büchner aus Honoré Riouffres *Mémoires sur les Prisons* (Bd. 1, Paris 1823) übernommen.

6. Interpretation

Entstehung des Dramas

Jan-Christoph Hauschild beschreibt die Situation, in der sich Büchner zur Zeit der Konzeption seines Dramas befand, wie folgt:

»Büchner sah sich im Herbst/Winter 1834/35 in eine extrem konfliktträchtige Situation gebracht, die real und unmittelbar nicht mehr zu bewältigen war. Zum einen stand er in Darmstadt unter doppelter Aufsicht, des Vaters und der Polizei, zum andern war er in den entscheidenden politischen Auseinandersetzungen der revolutionären Opposition beider Hessen unterlegen, zuletzt in der Frage des Standorts der illegalen Druckerei des ›Preßvereins‹. Greift man die Zeitangabe in seinem Brief an Wilhelm Büchner (vermutlich März/April 1835) auf, dann hatte er sich seit dem Herbst 1834 ›vollkommen überzeugt, daß Nichts zu thun ist, und daß Jeder, der im Augenblick sich aufopfert, seine Haut wie ein Narr zu Markte trägt‹. Er kannte ›die Verhältnisse‹ und wußte, ›wie schwach, wie unbedeutend, wie zerstückelt die liberale Partei‹ war. Ein ›zweckmäßiges, übereinstimmendes Handeln‹ hielt er für ›unmöglich‹, ›jeder Versuch‹ bleibe ohne Ergebnis. Die ›Möglichkeit einer politischen Umwälzung‹ rückte damit in weite Ferne, ohne daß er die Hoffnung darauf jemals aufgegeben hätte.«[14]

Vorabdruck

Büchner sandte sein Manuskript an den Redakteur des Literaturblattes des *Phönix* im Verlag von J. D. Sauerländer. In den Nummern vom 26. März bis 7. April 1835 erscheint ein Vor- und Teilabdruck von *Dantons Tod* in der von Edward Duller redigierten Zeitschrift *Phönix*. Im Juli folgt dann die Buchausgabe mit dem Untertitel »Dramatische Bilder aus Frankreichs Schreckensherrschaft« bei J. D. Sauerländer in Frankfurt.

Büchner hat sich bei der Konzeption seines Dramas ausführlich mit Darstellungen der Französischen Revolution befasst und sie zu einem sehr großen Teil in sein Stück eingearbeitet.

Weitere Anregungen erhielt Büchner durch Shakespeares *Hamlet*, Grabbes *Napoleon oder die hundert Tage* und Goethes *Egmont*, ferner durch Victor Hugos *Marion de Lorme*, Klingemanns *Nachtwachen des Bonaventura* und Clemens Brentanos *Godwi oder Das steinerne Bild der Mutter*. Die Einzelnachweise finden sich in jeder größeren, kommentierten Büchner-Ausgabe.

Büchners Selbstdeutung

Büchner legt mit seinem Drama *Dantons Tod* nicht einen einfachen Bilderbogen oder eine Dokumentation im Sinne des modernen Dokumentartheaters vor, wie es einige Schutzbehauptungen bzw. brieflichen Äußerungen seiner Familie gegenüber und der intensive Gebrauch von Quellen und deren Einarbeitung in den Dramentext vermuten lassen, sondern er *interpretiert* durch die Auswahl und Akzentuierung der Quellen und durch seine dramatischen ›Erfindungen‹ die Französische Revolution und gleichzeitig die revolutionären Erhebungen seiner Gegenwart im Nachklang der Juli-Revolution, die 1830 von Frankreich auf Deutschland übergehen sollte und an deren Gestaltung er

Juli-Revolution

mitzuwirken versuchte. Er verfügt – wie sein *Danton* beweist – über eine historische ungetrübte Klarsicht, übt darin eine kompromisslose Ideologiekritik, wie man sie sich radikaler nicht vorstellen kann, und gibt eine historische Standortbestimmung in dem Sinne, dass er seine Gegenwart zwischen den Polen einer bürgerlichen und einer noch ausstehenden sozialen Revolution verortet. Seine Einsichten beruhen aber gleichzeitig auf einer Melancholieerfahrung, die bezeichnenderweise auch der Lebenshaltung Dantons entspricht.

Es scheint, als habe sich bei Büchner dieses Gefühl der Melancholie breit gemacht, weil er keinen Handlungsraum mehr für sich und die ihm Gleichgesinnten entdeckt:

Fatalismus der Geschichte

»Ich studierte die Geschichte der Revolution. Ich fühlte mich wie zernichtet unter dem gräßlichen Fatalismus der Geschichte. Ich finde in der Menschennatur eine entsetzliche Gleichheit, in den menschlichen Verhältnissen eine unabwendbare Gewalt, Allen und Keinem verliehen. Der Einzelne nur Schaum auf der Welle, die Größe ein bloßer Zufall, die Herrschaft des Genies ein Puppenspiel, ein lächerliches Ringen gegen ein ehernes Gesetz, es zu erkennen das Höchste, es zu beherrschen unmöglich« (10. 3. 1834, ebd., S. 256 f.).

Melancholie

Die Melancholie leitet sich aus der Erfahrung ab, nichts ausrichten zu können, weil jede Revolution keine Aussicht auf Erfolg hat, wie er an Wilhelm Büchner schreibt:

»Ich würde Dir das nicht sagen, wenn ich im Entferntesten jetzt an die Möglichkeit einer politischen Umwälzung glauben könnte. Ich habe mich seit einem halben Jahre vollkommen überzeugt, daß Nichts zu tun ist, und daß

Jeder, der *im Augenblicke* sich aufopfert, seine Haut wie ein Narr zu Markte trägt. Ich kann Dir nichts Näheres sagen, aber ich kenne die Verhältnisse, ich weiß, wie schwach, wie unbedeutend, wie zerstückelt die liberale Partei ist, ich weiß, daß ein zweckmäßiges, übereinstimmendes Handeln unmöglich ist, und daß jeder Versuch auch nicht zum geringsten Resultate führt« (1835, ebd., S. 269).
Aus dieser Erfahrung wird Büchner schließlich seinen *Danton* konzipieren.

Literaturwissenschaftliche Interpretationen

In den literaturwissenschaftlichen Interpretationen ging es lange Zeit vornehmlich darum herauszufinden, ob Büchner in seinem Drama *Dantons Tod* für eine der aufgeführten Parteien, der Dantonisten oder Robespierres und seiner Anhänger, oder für keine von beiden selbst Partei ergriffen oder ob er das Stück von jedem politischen Engagement freigehalten habe. Man kann sich dies gut an den beiden im Gegensatz zueinander stehenden Interpretationen von Karl Vietor und Georg Lukács klarmachen.

Nihilismus-These Vietors

Vietor fasst seine Auffassung wie folgt zusammen: »So etwas wie ein Geschichtsbild ist das Drama seiner ganzen Art nach nicht. Alles, was es an geschichtlicher Umwelt, an Nebenrollen und Nebenmotiven enthält, ist nur da um Dantons willen.«[15] Alles ist nur noch auf »die letzte, die religiöse Wahrheit, die Danton auf dem Grund seiner Erlebnisse auffindet«[16], bezogen. Danton stellt »sich entschlossen in das Nichts.«[17]

Lukács' Widerspruch

Dagegen rückt Lukács die geschichts- und fortschrittskonstitutiven Elemente von *Dantons Tod* in den Mittelpunkt seiner Interpretation und versucht dieser Perspektive das ganze Stück zu subsumieren. Nach ihm hat Büchner mit *Dantons Tod* den »säkularen Widerspruch seiner Periode im Spiegel der Französischen Revolution«[18] dargestellt. Dabei sieht Lukács »diesen säkularen Widerspruch in der Auseinandersetzung zwischen einer proudhonistischen und einer revolutionär jakobinischen Wirtschaftsordnung, als deren jeweilige Vertreter ihm Danton und Robespierre gelten. Lukács bemüht sich nun, auch noch die von ihm unter dem Titel des epikureischen Materialismus gefaßte subjektive Vereinsamung Dantons [...] als ›die notwendigen seelischen Reflexe seiner Lage‹ für die von ihm vertretene These zu vereinnahmen. Von daher scheint es ihm zu gelingen, die das revolutionäre Pathos Robespierres relativierende Wirkung Dantons aufzuheben, so daß dann von dieser Sicht her ›Robespierre und besonders Saint-Just [...] die wirklichen, dramatisch handelnden, vorwärtstreibenden Figuren‹ sind. Dantons Zweifel am revolutionären Geschichtsprozeß sieht er dementsprechend durch die Konventsrede Saint-Justs beantwortet. In ihr werde – so meint Lukács zustimmend – ›die eherne und unmenschliche Notwendigkeit der Geschichte, die ganze Generationen, die ihr im Wege stehen, revolutionär zerstampft [...] mit leidenschaftlichem Pathos bejaht und verherrlicht‹. Damit aber reduziert sich für Lukács die Tragik Dantons und die des Stücks überhaupt darauf, daß der ehemalige Führer der Revolution einer Weltanschauung anhängt, die vor dem Stand der Revolution und der Geschichte nicht mehr bestehen kann.«[19]

Gegen solche (auch) parteipolitische Vereinnahmung wehrt sich z. B. Jan-Christoph Hauschild, wenn er schreibt:

Hauschild: Dantons Tod ein Drama über die Revolution, kein revolutionäres Drama

»*Dantons Tod* ist ein Drama über die Große Revolution, aber kein revolutionäres Drama, kein Tendenzstück, das Gegenteil von zwar gut gemeinter, aber bitterernster, verklemmt idealisierender Parteiliteratur; kein Schauspiel, das, wie der *Hessische Landbote*, die Volksmassen ermutigen, bestärken und für die soziale Umwälzung mobilisieren soll. *Dantons Tod* ist die Dichtung eines Intellektuellen, bestimmt für ein intellektuelles Publikum, die von einem parteilichen Standpunkt aus und mit gehöriger Aggressivität in Szene setzt, was Büchner, als er die ›Geschichte der Revolution [studirte]‹, glaubte erkannt zu haben; die Lehren, die er daraus gezogen hatte, konnten in seinen Augen davor bewahren, die Geschichte wiederholen zu müssen.«[20]

Hauschild meint, aus der Geschichte der Revolution, so wie sie Büchner studiert hatte, sei zu lernen gewesen, dass »revolutionärer Terror allein Freiheit, Gleichheit und Brüderlichkeit nicht zu sichern vermag und dennoch nach Wegen gesucht werden mußte, damit aus dem ›Widerstreit unzähliger egoistischer Einzelwillen‹ kein ›soziales Chaos‹ entstand. […] Die Notwendigkeit der Revolution war für [Büchner] selbstverständlich, der Kampf um bürgerliche Freiheiten kein Thema mehr; ihn interessierte die Durchsetzung der sozialen Emanzipation der ›großen Classe‹ bzw. deren Scheitern, der Konflikt zwischen der Bourgeoisie und den plebejischen Schichten.«[21]

Hauptziele von Büchners Stück sind für Hauschild: »zum einen ›die Abrechnung […] mit den bürgerlichen Revolutionsgewinnlern‹, zum andern die Kritik an der unzulänglichen Sozialpolitik der Jakobinerregierung, die dem Massenhunger durch verschärften Terror beizukommen suchte. Zugleich machte Büchner deutlich, daß der Gegensatz zwischen Robespierre und Danton keine geschichtliche Alternative beinhaltete: So wenig wie Danton die allgemeine Wohlfahrt und Emanzipation im Sinn hatte, so wenig vermochte Robespierre, der sich schon mit seinem fortschrittlichen Verfassungsentwurf nicht durchsetzen konnte, seine zunehmende Isolierung im Konvent zu verhindern. […] Robespierre führt nicht aus, was historisch angezeigt, aber wohl nicht machbar war. […] Er verhilft den Bedürfnissen des Volks nicht zur Durchsetzung, sondern kann dieses nur auf die Zukunft vertrösten.

Robespierres Fehler liegen weniger in dem, was er tut, als vielmehr in dem, was er unterläßt, sie manifestieren sich in den Beschwerden des Volks […]: ›Ihr habt Kollern im Leib und sie haben Magendrücken, ihr habt Löcher in den Jakken und sie haben warme Röcke, ihr habt Schwielen in den Fäusten und sie haben Sammthände‹ (I,14). Die Dantonisten begreifen: Das Volk ist materiell elend, aber sie tun nichts für das Gemeinwohl, Robespierre spricht es aus: ›Die soziale Revolution ist noch nicht fertig‹, aber über die Erkenntnis gelangt er nicht hinaus. […] Der revolutionäre Terror läßt die Wurzel der Ungleichheit unbehelligt.«[22]

Hauschild folgert daraus: »In Büchners Stück sind beide Parteien, Robespierristen und Dantonisten (mit Ausnahme von Lacroix), kaum in der Lage, ihre eigene Beschränktheit und Unzulänglichkeit zu erkennen. […] Durch das ganze Stück […] macht er deutlich, daß die Liquidierung der Dantonisten zu Recht erfolgte.«[23] Denn, die »Kritik an den Dantonisten hat er als eine allseitige inszeniert: Zunächst konfrontiert er ihre Sozialutopie ganz unmittelbar mit der Lebenswirklichkeit des Pariser Volkes. Das Konzept erweist sich als nicht tragfähig, die Vorstellung einer Republik, die Garant des gesellschaftlichen und individuellen Glücks sein soll, ohne daß zugleich die materiellen Bedingungen angesprochen werden, eines Staates, der nicht autoritär befestigt ist, wo das Ich nicht im Wir, der anthropologische Unterschied nicht im Egalitarismus verschwindet, erweist sich als realitätsfremde Idee, die in der historischen Situation des Jahres 1794 mit den Massenbedürfnissen nicht in Einklang zu bringen ist. Dann folgen Beurteilungen durch das Volk, durch den Deputierten Legendre, durch Robespierre, schließlich Selbstcharakteristiken. Endlich wird fast gleichzeitig vom ›Revolutionstribunal‹ und von einem ›Volkhaufen‹ das Urteil über sie gefällt.«[24]

Schließlich verweist Hauschild darauf, dass das Stück neben Danton und Robespierre noch einen dritten Hauptakteur habe: das Volk. Es ist »der dritte ›Held‹, mit einer eigenen Position, die auch mehrfach artikuliert wird. […] Gegen Ende zeigt Büchner, daß auch das Volk von seinen Möglichkeiten keinen Gebrauch macht. […] Damit unterstreicht Büchner erneut, daß das Volk zwar nicht ohne positives Ziel, aber ohne jede Idee von dessen Verwirklichung ist und die tieferen Ursachen für seine Lage nicht erkennt.«[25]

Anders als Hauschild, nämlich unter dem Aspekt von Fortschritt/Geschichte und Natur, sieht Galle das Verhältnis zwischen Danton und Robespierre:
»Ist die Revolution, wie Robespierre und seine Fraktion sie betreiben, als die Wette zu verstehen, daß Geschichte und gesellschaftlicher Fortschritt menschlicher Ver-

fügungsgewalt zugänglich und subsumierbar sind, so führt Danton darauf, daß Natur als das Unbeherrschte und Unverfügbare, das dem Fortschritt und der Konstruktion des Fortschritts Gegenbildliche, dem Entwurf der Revolution selbst schon immanent ist.«[26]

Das Verfügbare und das Unverfügbare der Natur

Einen für die Interpretation wichtigen Aspekt beleuchtet Helmut Koopmann, wenn er der Frage nachgeht, warum in *Dantons Tod* sich die Verweise auf die Antike häufen. Büchner verfährt damit historisch korrekt, denn die Akteure der Französischen Revolution drapierten sich gerne mit der Antike und versuchten damit sogar teilweise, ihr eigenes Vorgehen zu legitimieren. Koopmann sieht aber in diesen Anspielungen noch eine andere Funktion als eine geschichtsgetreue Abbildung:

»Der ständige Bezug auf antike Helden, antike Mythologie, antike Ereignisse, antike Zitate ist […] geeignet, die dargestellte Wirklichkeit doppelbödig zu machen.«[27] Es scheint »sich im Gegenwärtigen Vergangenes zu wiederholen, und es wäre denkbar, daß die häufigen Hinweise auf die antike Geschichte und die antike Mythologie nicht oder jedenfalls nicht nur das republikanische Selbstverständnis der französischen Revolutionäre erläutern sollen, sondern daß zwischen der antiken Welt und der Welt der Revolution von 1789 noch ganz andere Parallelen zu ziehen sind. […] Danton ist davon überzeugt, daß es nichts Neues auf der Welt gibt. Seine Einsicht in den zirkularen Gang der Geschichte, in den Kreislauf aller Historie, der keinen Ausbruch gestattet, läßt ihm denn auch die Gegenwart

Die Wiederkehr des Gleichen

nur als wiederholte Vergangenheit erscheinen.«[28] Dantons Langeweile »gründet sich auf seine Erkenntnis von der ewigen Wiederkehr des Gleichen.«[29]

Unter diesem Aspekt entdeckt Koopmann durchaus Parallelen der gegensätzlich erscheinenden Figuren Danton und Robespierre:

»Offensichtlich sind also zwischen den beiden Hauptgestalten des Dramas, Danton und Robespierre, deutliche Parallelen zu ziehen. Daß diese Figuren nach außen hin dennoch als Gegenspieler auftreten können, liegt weniger an einer grundsätzlichen Andersartigkeit der Personen als vielmehr daran, daß der eine noch eine Position behauptet, die der andere schon aufgab. […] Danton und Robespierre treten einander in politicis als Protagonist und Antagonist gegenüber, und man hat dementsprechend Robespierre etwa als den Vertreter der Revolutionsideologie, Danton dagegen als den Nichtideologen interpretiert. […] Ist Robespierre gegenwärtig noch das ›Dogma‹ der Revolution und Danton schon seine ›Vogelscheuche‹, Robespierre noch der ›Messias‹ und Danton schon ein ›toter Heiliger‹, so deutet doch alles darauf hin, daß auch Robespierre eines Tages zu den ›Antediluvianern‹ der Revolution gezählt werden wird, als die Danton und die Seinen schon gelten.«[30] Der Unterschied ist, dass, während »Robespierre sich mit den antiken Vorbildern sehr ernsthaft identifiziert, den antiken Vorgängen eine noch gleichsam exemplarische Kraft zuerkennt und im antiken Muster gewissermaßen die Legitimation seiner Taten und die Bestätigung seiner selbst sucht, Danton das Geschehen um sich herum nur noch als Parodie auf die antike Geschichte zu empfinden vermag […].

Daß Danton die gegenwärtigen Vorgänge als Parodien auf historische Begebenheiten verstehen will und seine

eigenen Auftritte parodistisch inszeniert, hat zunächst einmal den Sinn, Robespierres pathetischen Habitus als bloße Imitation antiker Haltungen aufzudecken, um ihm noch auf diese Weise ›die Absätze ... von den Schuhen zu treten‹. Der von den Dantonisten bewußt nachgeäffte Ton der Robespierre und St. Just, der Barère und Callot demaskiert die Haltung jener sich so heroisch gebärdenden Tugendhelden als falsche Pose und die erhabene Feierlichkeit ihrer Tribunale als Schein und Lüge. Vom Standpunkt eines Danton bleibt das pseudosakrale Gehabe um das antike Vorbild nur leeres Pathos; er entlarvt die ins Unwirkliche stilisierte Ideallandschaft menschlicher Verhältnisse, die Robespierre noch vor Augen schwebt, als unglaubwürdige Utopie.«[31]
Eng verbunden mit dieser Entlarvung eines hohl gewordenen Pathos ist auch das Motiv einer Entlarvung der verlarvten, maskierten Menschen.

»Wir sollten einmal die Masken abnehmen, wir sähen dann wie in einem Zimmer mit Spiegeln überall nur den einen uralten, zahllosen, unverwüstlichen Schafskopf, nichts mehr, nichts weniger. Die Unterschiede sind so groß nicht, wir sind alle Schurken und Engel, Dummköpfe und Genies und zwar alles in einem, die vier Dinge finden Platz genug in dem nämlichen Körper, sie sind nicht so breit, als man sich einbildet.« So äußert sich einmal Camille (78,24 ff.), und an anderer Stelle zitiert Lacroix gegenüber Danton Callot, der gesagt haben soll, man müsse »die Masken abreißen« (23,1), woraufhin Danton lakonisch bemerkt: »Da werden die Gesichter mitgehen« (23,3), denn der seine Rolle spielende Mensch geht ganz in seiner Rolle auf, kann sich aus ihr nicht befreien, es steht unter dem Muss, das alles diktiert.

Die Menschen sind Schauspieler, sie spielen alle festgelegte Rollen, sie spielen Theater, und vielleicht sind es die Götter, die sich zu ihrem Amüsement jene irdischen Tragödien oder Tragikomödien anschauen. Auch Politik ist ein solches Schauspiel. Büchner selbst hat sehr früh diese Erfahrung gemacht. In einem Brief vom Dezember 1832 an die Familie heißt es:

»Für die politische Abhandlung habe ich keine Zeit mehr, es wäre auch nicht der Mühe wert, das Ganze ist doch nur eine Komödie. Der König und die Kammern regieren, und das Volk klatscht und bezahlt« (*Werke*, S. 247) und in einem anderen Brief, ein Jahre später an August Stöber geschrieben: »Die politischen Verhältnisse könnten mich rasend machen. Das arme Volk schleppt geduldig den Karren, worauf die Fürsten und Liberalen ihre Affenkomödie spielen. Ich bete jeden Abend zum Hanf und zu d. Laternen« (*Werke*, S. 253). Die Schauspielmetapher setzt Büchner in *Dantons Tod* noch radikaler, weil umfassender ein. Das Volk zieht nicht mehr den Thespiskarren, sondern es gehört mit zu den Akteuren, die sich eine Tragikomödie vorspielen: Politik ist Schauspiel, schlechtes Schauspiel. »Wir stehen immer auf dem Theater, wenn wir auch zuletzt im Ernst erstochen werden« (33,17), so lässt sich einmal Danton vernehmen; und blicken wir z. B. auf das Ende von I,2: »Der große Auftritt Robespierres ist vorüber. Simon und sein Weib sind allein auf der Bühne. Ihre Schlußepisode führt die Szene an den Anfang zurück. Simon, halbwegs ernüchtert, versöhnt sich mit Weib und Tochter. Er tut es gedämpft, doch mit der gleichen verschlissenen Theatralik wie zu Beginn, als sollte dem Pathos Robespierres der elende Lumpen des Schmierenkomödianten hinterhergeworfen werden. Die

Politik als Schauspiel

Wirklichkeit – das Volk, das hungert und friert, gewerbsmäßig Unzucht treibt, kuppelt, Schnaps säuft und totschlagen will, was kein Loch im Rock hat – erscheint hier nackt, doch umtönt von Phrasen, von Tugendphrasen. Eingangs das lumpige Schmierentheater von Römertugend bei dem heruntergekommenen Souffleur, am Ende die gespenstische, phantasmagorische Abstraktion von tugendhaftem Volk bei Robespierre. Beide sind ironisch aufeinander bezogen. Robespierres erhabene Apotheose ›tugendhaftes Volk!‹ hat ihr Echo bei Simon, der sein Weib – eben noch ein ›Kuppelpelz‹, eine ›runzliche Sublimatpille‹ – ›mein tugendreich Gemahl‹ tituliert. Die Römerparodie Simons, eingegeben vom Theater und vom Schnaps, ist zugleich ein Kommentar auf die Revolution.«[32]

Will man *Dantons Tod* nicht als Tragikomödie der Revolution lesen, sondern als Tragödie, verweist die Interpretation von Peter Szondi wohl am besten in die Richtung, wo das Tragische, die tragische Paradoxie, in dem Drama zu suchen wäre. Szondi führt aus:

Tragödie des Revolutionärs

»Büchners Dichtung ist die Tragödie des Revolutionärs. Denn nicht als Märtyrer der Revolution stirbt Danton, er fällt ihr zum Opfer, vernichtet doch die Revolution selbst den Revolutionär, der zu verhindern sucht, daß sie sich in Tyrannei verkehre. […] Hinzu kommt, daß der gemäßigte Danton stürzen muß, weil die radikalen Hébertisten hingerichtet wurden, was im Volk den Verdacht der Mäßigung wecken könnte: so stirbt Danton, auch darin ein tragischer Held, für die Sache des Gegners mehr als für die seiner selbst. […] Die Revolution, die sich die Freiheit auf die Fahnen geschrieben hat, ist nicht dem freien Entschluß der Revolutionäre entsprungen. [...] Danton erliegt nicht bloß der Revolution, sondern auch dem revolutionären Sieg, den er selbst schon errungen hat. Verräter ist er nicht, weil er sich – wie das Volk argwöhnt – mit dem König und dem Ausland verbündet hätte, sondern weil er im Vernichtungstaumel treu geblieben ist jenem Glück, das er allen Menschen gönnt, wenngleich er es vor ihnen schon genießt. [...]

Längst hat die Überhelle des Bewußtseins, das Verlangen nach alles durchdringender Erkenntnis Danton seine Gefühlen entfremdet. [...] Dantons Tragik ist nicht, daß ihn die Widersprüche des Lebens in den Tod treiben, sondern daß der Tod zu seinem Leben auf dessen eigenem Boden in Widerspruch tritt. Worunter Danton leidet, ist der Gegensatz zwischen dem Körper, der tätig ist, und dem Geist, der ihm tatenlos zuschaut, zwischen der Liebe zu dem anderen Leben und der Erkenntnis, die das geliebte Leben zerstört. [...]

Dantons Tod heißt das Werk nicht allein, weil es die letzten Tage seines Helden darstellt, sondern weil der Tod, den in der tragischen Dichtung als deren Formmoment eine Art Selbstverständlichkeit kennzeichnet, hier problematisch geworden ist. Danton charakterisiert nicht sowohl, daß er sterben muß, als daß er nicht sterben kann, weil er schon gestorben ist. [...] Dantons Tod ist das Leben Dantons.«[33]

7. Autor und Zeit

1813 17. Oktober: Karl Georg Büchner wird in Goddelau (Großherzogtum Hessen-Darmstadt) geboren. Sein Vater ist der Mediziner und Amtschirurg in Goddelau, Ernst Karl Büchner (1786–1861), ab 1816 Medizinalrat in Darmstadt; Büchners Mutter Caroline Büchner, geb. Reuß (1791–1858). Büchner hat fünf Geschwister: 1. Mathilde (1815–88); 2. Wilhelm (1817–92), Pharmazeut, Inhaber einer chemischen Fabrik, Abgeordneter im hessischen Land- und im deutschen Reichstag, Verfasser politischer Schriften; 3. Louise (1821–77), Schriftstellerin und Frauenrechtlerin; 4. Ludwig (1824–99), Arzt und Verfasser des Bestsellers *Kraft und Stoff*, der ihn als Vertreter des Materialismus bekannt machte; 5. Alexander (1827–1904), 1848 deutscher Revolutionär, ging nach Frankreich, wurde dort in Caen Literaturprofessor.

1816 Übersiedlung der Familie nach Darmstadt, wohin der Vater als Bezirksarzt, später als Medizinalrat versetzt wurde.

1825 Nach Elementarunterricht durch die Mutter und Besuch der Privatschule von Dr. Carl Weitershausen in Darmstadt tritt Büchner in das Ludwig-Georgs-Gymnasium zu Darmstadt ein. Kleinere poetische Arbeiten und Schulreden (z. B. *Rede zur Verteidigung des Cato von Utika*; *G. Büchner mahnt im Namen des Menenius Agrippa das auf dem heiligen Berg gelagerte Volk zur Rückkehr nach Rom* in lateinischer Sprache).

1831 9. November: Immatrikulation an der medizinischen

Fakultät in Straßburg, wo Verwandte Büchners leben. Büchner wohnt bei Pfarrer Johann Jakob Jaeglé, mit dessen Tochter Luise Wilhelmine (1810–80) er sich später verlobt. Freunde Büchners sind: Eugen Boeckel, Johann Wilhelm Baum, Alexis Muston, August und Adolf Stöber. Büchner wird in die Studentenverbindung »Eugenia« aufgenommen.

1832 24. Mai: Büchner hält in der Verbindung einen Vortrag über die politischen Verhältnisse in Deutschland.

1833 Juli: Wanderung mit den Brüdern Stöber durch die Vogesen. Verlobung mit Wilhelmine Jaeglé. Nach dem Sommersemester Rückkehr nach Darmstadt, um sein Studium gemäß den hessischen Gesetzen in Hessen selbst abzuschließen. 31. Oktober: Immatrikulation an der Universität Gießen als Medizinstudent; November: Hirnhautentzündung; Unterbrechung des Studiums und Rückkehr nach Darmstadt.

1834 Fortsetzung des Studiums ab Januar; Büchner lernt durch August Becker den Rektor und Pfarrer in Butzbach Friedrich Ludwig Weidig (1791–1837) kennen, der Verbindungen zu verschiedenen süddeutschen Oppositionsbewegungen hält. März: Gründung der »Gesellschaft der Menschenrechte« in Gießen. Mitglieder neben Büchner und Becker: Karl Minnigerode, Jakob Friedrich Schütz, August Klemm. Zwischen dem 13. und 25. März schreibt Büchner den Entwurf zum *Hessischen Landboten*. Ende März trifft Büchner in Straßburg ein.

April: Büchner eröffnet eine Sektion der »Gesellschaft der Menschenrechte« in Darmstadt.

Mai: Erste Fassung der Flugschrift; Vorbericht von Weidig; 31. Juli Minnigerode, Schütz und Karl Zeuner

Georg Büchner
Zeichnung von Alexis Muston, 1835. akg-images

holen in Offenbach die gedruckten Exemplare des *Landboten* ab, um sie zu verteilen. 1. August: Verhaftung Minnigerodes mit 139 Exemplaren des *Landboten*; Denunziation durch den Spitzel Johann Konrad Kuhl. Büchner warnt Zeuner, Weidig, Schütz in Offenbach und Frankfurt. Nach der Rückkehr nach Gießen sind bei ihm seine Papiere durchsucht, sein Schrank ist versiegelt. Von August bis September werden mehrere Mitglieder der »Gesellschaft« verhaftet. Oktober: Büchner arbeitet in einem Laboratorium des Vaters in Darmstadt; Lektüre von Spinoza, Rousseau, Tennemanns Philosophiegeschichte und verschiedenen Darstellungen der Französischen Revolution. Der Versuch, Minnigerode aus dem Gefängnis zu befreien, scheitert. November: Veränderte Neuauflage des *Landboten*.

1835 Januar: Verhöre vor den Untersuchungsrichtern in Offenbach und Friedberg.

Ende Januar: Beginn der Niederschrift von *Dantons Tod* (Ende Februar fertiggestellt).

21. Februar: Büchner schickt das *Danton*-Manuskript an seinen Verleger Sauerländer; Ende Februar erhält er eine Vorladung vom Darmstädter Untersuchungsrichter. Anfang März: Flucht aus Darmstadt. 9. März: Flucht über die französische Grenze nach Straßburg. 13. Juni: Steckbrief gegen Büchner erlassen. Juli: *Dantons Tod* erscheint in verstümmelter Form als Buch. Oktober: Beschäftigung mit dem historischen Lenz und Oberlins Aufzeichnungen über Lenz. Niederschrift der Novelle *Lenz* (ersch. 1839). Im Winter: Naturwissenschaftliche und philosophische Studien. Untersuchung über das Nervensystem der Barben.

1836 13. und 20. April, 4. Mai: Büchner trägt seine Abhandlung *Sur le système nerveux du barbeau* vor der Gesellschaft »Société d'histoire naturelle« vor. Juni: Arbeit an *Leonce und Lena* (ersch. 1838). Im Sommer: Büchner bereitet seine Vorlesung *Über die Entwicklung der deutschen Philosophie seit Cartesius* in Zürich vor. 3. September: Aufgrund der inzwischen in den *Mémoires* der naturgeschichtlichen Gesellschaft veröffentlichten Untersuchung über das Nervensystem wird Büchner von der Züricher Universität zum Dr. phil. promoviert. 18. Oktober: Übersiedlung nach Zürich. 5. November: Büchner hält eine Probevorlesung *Über Schädelnerven*, wird als Privatdozent bestätigt und offiziell in die Fakultät aufgenommen. Herbst/Winter: Büchner arbeitet am *Woyzeck* (ersch. 1875).

1837 2. Februar: Büchner erkrankt. 14. Februar: Der Arzt Schönlein diagnostiziert Typhuserkrankung. 17. Februar: Die Verlobte trifft aus Straßburg in Zürich ein. 19. Februar: Tod. 21. Februar: Begräbnis auf dem Züricher Friedhof am Zeltberg.

8. Rezeption

Dantons Tod wurde erst am 5. Januar 1902 unter der Regie von Friedrich Moest und Alfred Halen im Belle-Alliance-Theater der Berliner Volksbühnen uraufgeführt. Diese Aufführung fand bei der Kritik nur mäßigen Widerhall. Nach zwei Hamburger Inszenierungen von Leopold Jeßner (1910/11) stellte sich ein größerer Bühnenerfolg erst mit der Inszenierung in München ein, wo am 8. November 1913 unter der Regie von Eugen Kilian und der künstlerischen Beratung durch Karl Wolff das Stück aufgeführt wurde. Durchschlagend war dann aber erst die Inszenierung von Max Reinhardt 1916 im Deutschen Theater Berlin. »Im Gegensatz zu den früheren Inszenierungen rückte Reinhardt die private Tragödie Dantons zugunsten der großen Volksszenen und des Revolutionsgeschehens in den Hintergrund. Seine Bühnentechnik stand im Zeichen expressionistischer Licht- und Raumeffekte und blieb für eine Reihe weiterer Inszenierungen bis weit in die zwanziger Jahre verbindlich. Während des Revolutionsjahres 1919 gewann das Drama, das bis dahin schon fest auf den deutschen Bühnen etabliert war, besondere Aktualität in der Inszenierung von Otto Werner (Leipzig). In den folgenden Jahren bildeten sich Ansätze einer Theatertradition heraus, in deren Rahmen sich zwei gegensätzliche Auffassungen des Stückes gegenüberstanden: seine Deutung als Revolutionsdrama [...] oder als nach-expressionistisches Bilder- bzw. Stationendrama (so etwa in den Inszenierungen durch Otto Falckenberg an den Münchner Kammerspielen im September 1926 und Gustaf Gründgens in den Hamburger Kammerspielen im Januar 1928). In der Zeit von 1921 bis 1933 ging *Dantons Tod* in mehr als achtzig verschiedenen Inszenierungen über die deutschen Bühnen. Während der Jahre 1933 bis 1945 verfolgten die Aufführungen des Stückes an den deutschen Bühnen eine ähnliche Tendenz wie die nationalsozialistische Literaturwissenschaft: seine politischen und revolutionären Aspekte wurden nahezu völlig unterdrückt, in den Vordergrund gelangten individualtragische Aspekte. [...] Die in dieser Zeit erarbeitete Aufführungspraxis reichte noch weit in die Nachkriegsjahre hinein. [...] Die ersten Aufführungen [in der Zeit nach dem Zweiten Weltkrieg] in Westdeutschland und Österreich [...] versuchten, eine Analogie zwischen jüngster Vergangenheit und der Schreckensherrschaft der Revolutionsgeschichte herauszuarbeiten. Spätere Inszenierungen [...] betonten dann existentialistische oder nihilistische Aspekte. In der DDR setzte sich *Dantons Tod* nur allmählich und unter beträchtlichen Widerständen durch. In einer vom Nationalpreisträger Kuba [Kurt Barthel] bearbeiteten Fassung erlebte es seine Premiere in der DDR unter dessen Regie am Volkstheater Rostock erst im Juli 1962. Voraus ging eine Debatte in der Theaterwissenschaft der DDR über die Problematik des Stückes und seiner Wirkung bzw. [...] Inszenierungsmöglichkeiten, die seiner fatalistischen Tendenz und seiner Beurteilung der Revolutionsmänner entgegenzuarbeiten hätten.«[34] – Jede Zeit versucht, sich in dem Stück selbst zu finden und es zur Selbstverständigung zu nutzen. So spiegeln sich auch in den Inszenierungen der letzten Jahrzehnte – vor allem im Umkreis der Jahre 1968 und 1989 – die gesellschaftlichen Diskussionen, Veränderungen und Verwerfungen, Sehnsüchte und Enttäuschungen wider.

9. Checkliste

1. Informieren Sie sich in einem geschichtlichen Abriss nochmals über die wichtigsten Stadien der Französischen Revolution.
2. Informieren Sie sich anhand eines geschichtlichen Abrisses über die Juli-Revolution in Frankreich und Deutschland im Jahre 1830.
3. Welche Phasen der Französischen Revolution legt Büchner seinem Drama *Dantons Tod* zugrunde? Skizzieren Sie kurz Vor- und Nachspiel der dramatischen Handlung (Septembermorde usw.).
4. Welche Parteien der Französischen Revolution spielen in Büchners Drama eine Rolle?
5. Ordnen Sie die einzelnen Personen – wenn möglich – den verschiedenen politischen Gruppierungen zu.
6. Welche Funktion haben die eingebauten Zitate aus Quellen?
7. Über welche dargestellte Zeit erstreckt sich die Dramenhandlung?
8. Wie geht Büchner mit den drei Einheiten um (Einheit des Ortes, der Zeit und der Handlung)?
9. Worin bestehen die expositionellen Elemente der ersten Szene?
10. Welche Wirkung kommt den Reden zu?
11. Wie schlägt Rede in ideologische Rede um?
12. Was bedeutet der Satz: »Geht einmal euren Phrasen nach?«
13. Wie verhalten sich Danton und Robespierre zueinander?
14. Wie war das Verhältnis von Danton und Robespierre

früher? Was ist aus diesem Verhältnis geworden? Warum haben sie sich auseinander entwickelt?

15. Worin gleichen sich Danton und Robespierre?
16. Wie verhalten sich Danton, Robespierre und St. Just zueinander?
17. Inwiefern ist Danton ein Melancholiker?
18. Welche Funktion haben die Frauenfiguren im Drama?
19. Welche Funktion kommt den Volksszenen zu?
20. Wie verhalten sich Geschichte und Schauspiel zueinander? Inwiefern wird das Schauspiel ein Deutungsmuster für Geschichte?
21. Wer geht von einem »Fatalismus der Geschichte« aus? Inwiefern sind die Gestalten frei?
22. Welche Bedeutung hat die Marionettenfigur?
23. Wie ist der Ausspruch »Wir haben nicht die Revolution, die Revolution hat uns gemacht« zu verstehen?
24. Inwiefern könnte man *Dantons Tod* als ein Drama des Nihilismus bezeichnen?
25. Worin sieht Danton die Erlösung?
26. Worin besteht die Tragik in *Dantons Tod*?

10. Lektüretipps

zu Georg Büchner

Georg Büchner. Hrsg. von Wolfgang Martens. Darmstadt 1965. (Wege der Forschung 53.)

Hasselbach, Karlheinz: Georg Büchner. Stuttgart 1997. (Literaturwissen für Schule und Studium.)

Hauschild, Jan-Christoph: Georg Büchner. Mit Selbstzeugnissen und Bilddokumenten dargestellt. Reinbek bei Hamburg 1992. (rm. 503.)

– Georg Büchner. Biographie. Stuttgart 1993.

Hinck, Walter: Georg Büchner. In: Deutsche Dichter des 19. Jahrhunderts. Ihr Leben und Werk. Hrsg. von Benno von Wiese. Berlin 1969. S. 200–222.

Hinderer, Walter: Büchner-Kommentar zum dichterischen Werk. München 1977.

Interpretationen: Georg Büchner. Stuttgart 1990. (RUB. 8415.)

Knapp, Georg P.: Georg Büchner. Stuttgart 1984.

zu *Dantons Tod*

Behrmann, Alfred / Joachim Wohlleben: *Dantons Tod*. Eine Dramenanalyse. Stuttgart 1980.

Eibl, Karl: Ergo todt geschlagen. Erkenntnisgrenzen und Gewalt in Büchners *Dantons Tod* und *Woyzeck*. In: Euphorion 75 (1981) S. 411–429.

Frizen, Werner: Georg Büchner: *Dantons Tod*. München 1990.

Funk, Gerald: Erläuterungen und Dokumente: Georg Büchner: Dantons Tod. Stuttgart 2002. (RUB. 16034.)

Galle, Roland: Natur der Freiheit und Freiheit der Natur als tragischer Widerspruch in *Dantons Tod*. In: Der Deutschunterricht 31 (1979) H. 2. S. 107–121.

Knapp, Gerhard P.: Georg Büchner: *Dantons Tod*. Frankfurt a. M. 1983.

Koopmann, Helmut: *Dantons Tod* und die antike Welt. Zur Geschichtsphilosophie Georg Büchners. In: Zeitschrift für deutsche Philologie 84 (1965) Sonderheft. S. 22–41.

Szondi, Peter: *Dantons Tod*. In: Peter Szondi: Versuch über das Tragische. Frankfurt a. M. 1961. S. 103–109; auch in: Interpretationen 2: Deutsche Dramen von Gryphius bis Brecht. Hrsg. von Jost Schillemeit. Frankfurt a. M. 1965. S. 253–258.

Voges, Michael: *Dantons Tod*. In: Interpretationen: Georg Büchner. Stuttgart 1990. (RUB. 8415.) S. 7–61.

Anmerkungen

1 Jan-Christoph Hauschild, Georg Büchner (1993), S. 548.
2 Büchner an die Braut, 10. März 1834. – Büchners Werke werden mit Ausnahme des *Danton* zitiert nach: Georg Büchner, *Werke und Briefe*, hrsg. nach der hist.-krit. Ausg. von Werner R. Lehmann, komm. von Karl Pörnbacher [u.a.], München 1980, S. 256; Abkürzung: *Werke*, S.
3 Der Text wird zitiert nach: Georg Büchner, *Dantons Tod*, Stuttgart 2002 (Reclams UB, 6060). – *Reformierte Rechtschreibung.*
4 Koopmann, S. 28.
5 Knapp (1983), S. 58.
6 Walter Hinderer, Portrait Büchners, in: Horst Albert Glaser (Hrsg.), *Deutsche Literatur. Eine Sozialgeschichte*, Bd. 6: *Vormärz*, Hamburg 1980, S. 314.
7 Siehe Behrmann, S. 150.
8 Ebd., S. 151.
9 Knapp, S. 31.
10 Frizen, S. 54.
11 Ebd., S. 102.
12 Zit. nach: Hauschild (1993), S. 549.
13 Hasselbach, Georg Büchner, S. 36.
14 Hauschild (1993), S. 530.
15 Karl Vietor, »›Die Tragödie des heldischen Pessimismus‹. Über Büchners *Dantons Tod*«, in: *Georg Büchner*, hrsg. von W. Martens, Darmstadt 1965, S. 98.
16 Ebd., S. 105.
17 Ebd., S. 111.
18 Ebd., S. 206.
19 Galle, S. 112 f.
20 Hauschild (1993), S. 551 f.
21 Ebd., S. 552, 554.
22 Ebd., S. 555 f.
23 Ebd., S. 556.
24 Ebd., S. 562.
25 Ebd., S. 563.
26 Galle, S. 118.
27 Koopmann, S. 25.

28 Ebd., S. 27 f.
29 Ebd., S. 31.
30 Ebd., S. 33 f.
31 Ebd., S. 37 f.
32 Behrmann, S. 87 f.
33 Szondi, S. 253–257.
34 Knapp (1983), S. 76 f.

Raum für Notizen